后浪出版公司

小学堂 017

（日）小山龙介 著　李青 译

整理的艺术 4

升职从整理开始

世界图书出版公司
北京·广州·上海·西安

学习整理术概念图

	创造环境	自我管理	输入
技巧	**想法** 不依赖毅力学习 功能与形态 **提升动力** 按下自我学习键 找客卿师不要找家教 学习最前沿的知识 **强制力** 寻找学习伙伴避免半途而废 切断电源,把游戏机收起来	**想法** 身体与环境 喜爱与固定 **从姿势入手** 从整理书桌开始 利用腹式呼吸消除杂念 盘腿坐着学习 **自我管理** 战胜昨天的自己 促使学习进步的"可视化"学习法	**想法** θ 波的功能 **大量输入法** 先记住再理解 把教材倒过来读 阅读平装书使阅读量突破 100 万个单词 尽可能忘掉已经记住的东西 结合车站站名背诵知识 用英语学习会计学 从头到尾通读教材一遍 **有限输入法** 押宝 从答案开始看习题集 把重要句型全背下来 **五感输入法** 晚上散步时练习听力 通过学习获得"顿悟体验"

输出	时间管理	影响
想法 选择与集中 节奏与波动	**想法** 零散与同时	**想法** 学习与热衷——为了热衷人生而进行的学习 职业生涯的蓝海战略
重复的效果 以唱KTV的感觉进行影子练习 已经答对的问题无需再做第二遍 所剩学习时间的一半用来复习	**挤出时间** 有效利用零散时间 利用"同时"学习法使学习时间翻倍 在车站的长椅上学习 饭吃八分饱，节食半天	**寻找学习榜样** 找老师 为五年后的自己命名 把工作时间的20%花在自己的R&D上
分阶段 只要掌握1000个单词就能跟人用英语聊天 选择难度适合自己的考试	**时间效率** 一旦决心参加考试马上报名 考试时先做拿手题 睡觉时间超过7小时能提高记忆力 不要长时间连续学习 利用集训集中精力学习 利用长假时间集中进行输出型学习 利用清晨时间进行"输出型学习" **进度管理** 制定年度计划，进行"零存整取储蓄" 在习题集一角写上完成时间	**提高效率的方法** 以"双轨制职业生涯"为目标 学习的投资回报率 马上实践学过的知识

	创造环境	自我管理	输入
工具	**选择地点** 把咖啡厅当成书房 租自习室学习	**刺激** 听佛经以集中注意力 通过香味控制注意力 在身边摆放黄色物品 冬天把空调设定在20℃	**利用游戏进行学习** 用任天堂的DS背诵单词 从电视剧中学习鲜活的英语
	表扬 吃超级美味的甜品 消除噪音 如何选择提高学习效率的耳机	**放松** 有助于提高学习效率的花草茶 调暗房间的灯光	**模拟体验** 借助iTunes U留学海外 **轻松耳朵学习法** 利用"轻松耳朵学习法"提高学习效率 通过老师的语调模仿其思维方式 利用录音笔将知识转化为声音 每年花1000小时练听力 **系统化** 定期订阅专业杂志获得图表

输出	时间管理	影响
教与学 教学相长 在 Google Documents 上共享学习笔记 在 Twitter 上汇报学习进展	**设定最后期限** 把考试当做"最后期限"	**在工作中灵活运用** 学习会计知识横向扩展职业 把工作变成"案例"
整理 利用思维导图把握总体结构 利用印象笔记创建"个性化辞典" 利用专题型网站汇总信息 使用教材遵守 one pocket 原则 对比各补习学校制定的标准答案	**进度管理** 花钱上课，强迫自己学习	**人脉效果** 通过 Facebook 创建学习小组 如何通过学习拓展人脉
检验实力 利用 Skype 检验自己的英语会话能力		

前　言

开始"直立两腿行走"的我们

人类的祖先面临冰河期时，不得不从树上下来开始用两腿直立行走，靠自己寻找猎物。人类追寻着猎物足迹踏遍了全世界。在这个过程中，人类掌握了狩猎技术，发现火，开始运用语言交流。正因为出现了威胁人类生存的冰河期，才有了人类后来的繁荣。

从团块世代的孩子们那一代开始，年轻人都曾经历过所谓的"就职冰河期"吧。就像人类的祖先开始两腿行走一样，我们开始依靠自己的力量前进，逐步掌握自食其力的技能。

我们从树上下来，伴随着痛苦开始直立行走的过程。企业不再是我们的保护伞，自己的人生要靠自己去开拓。这对我们而言是严峻的考验。

另一方面，这也让我们意识到了直立行走的乐趣。就像我们的祖先因直立行走而走向繁荣一样，**从企业中独立出来也让我们获得了享受的契机。**

我们没有束缚，纵情奔驰在广袤的大地上。其中蕴藏着无限的可能性，学习是拓展这种可能性的方法。就像我们的祖先掌握狩猎技巧、发现火、运用语言交流一样，既然从树上下来了就有必须去学习的东西。

经验丰富带来的"突然变异"

假设花 3 年时间就基本能独当一面处理业务，那么到第 10 年时，你已开始第四次重复同样的工作。这份工作你已经驾轻就熟，工作起来自然轻松。但是，这样真的好吗？

不断重复过去的做法，和待在树上没有什么区别。你很快就会濒临危机。

再过10年，年轻人可能会在你背后说："这种做法，早就过时了"。如此黑暗的前途是你想要的吗？要想避免这样的未来，现在必须开始直立行走。

一味重复以往的工作不能让你产生新的想法。就算把干过三次的工作再干一遍，你也找不到新的想法。有些时候"经验"是发现新事物的绊脚石。

一说到"学习"，给人的印象常常是"学习以增加知识"。对社会人而言，学习还是一个**"把经历过的事情忘掉"的"清零"的好机会**，你还可以借此问问自己"到底为什么干这份工作"、"从整个社会来看，这份工作有什么意义"。

避免"恶性成熟"

在某杂志的对谈中，奥田民生和SPITZ提到了"恶性成熟"这个词。如果按照自己的方法坚持做乐队，时间长了之后，即使那个办法有错也误以为它是对的，越来越执着于这个方法。虽然成熟了，却是一种"恶性成熟"。他们正是在某位名制作人的严格指导下，才避免了恶性成熟。

恶性成熟并不仅仅是乐队的问题，在工作中也很有可能出现。

特别是30岁左右，当人适应了工作，有了自信的时候，是最危险的。过于相信"这种做法是对的"，会降低人的判断力。"我就是这么干过来的"、"在这个公司就得这么干"，这些话可是"危险警报"。

这里蕴藏着一个非伦理的伦理，"我一直是这么做的，所以要这么做"。而且，遗憾的是没有人劝告他"你待在树上哦"。这样的人无异于"井底之蛙"、"树上的猿人"。**学习正是为了避免这种恶性成熟。**

我们通过学习能够接触到与工作无关的知识。一开始或许会因为那些从没接触过的知识而感到困惑。然而，这种"困惑"恰恰是最重要的。

你的基因正在产生某种变化。当量变积累到一定程度就会突然发生变异。**现在正是你让自己突变的绝佳时机。**

学习——生活整理术的引擎

引起突变的学习本身并不是一件让人愉快的事。你想想，很喜欢学习的人大多都是有些奇怪的人吧。**于是以零压力为目标的生活整理术有了一显身手的机会。**

生活整理术能把痛苦的学习转变为一种快乐。不勉强自己的、快乐的、能够轻松持续下去的、充满整理术精神的学习——这就是我们的目标。

一方面生活整理术使学习变成了一件快乐的事。另一方面，生活整理术也从学习中大大受益。通过"学习"身边的环境，生活整理术能够更灵活应对环境的变化，创造出适合当事人生活环境的"自我整理术"。

比如，我在本书中介绍了色彩咨询师考试。我将自己的学习成果直接运用到了"学习整理术63：在身边摆放黄色物品"中。还在书中融入了很多我正在学习的客卿[①]知识。在介绍生活整理术的同时，也让读者能够一窥学习整理术产生的过程。

通过学习不断创造新的生活整理术，这个过程本身正是学习的乐趣所在。学习如同生活整理术的引擎。从这个意义上说，**本书也揭示了生活整理术诞生的"内幕"。**

接下来，我们要扬帆起航了。这也是通过直立行走使人生快乐起来的生活整理术的出发点。让我们从这里开始，迈出新的一步吧！

[①] 客卿是一门通过完善心智模式来发挥潜能、提升效率的管理技术。客卿通过一系列有方向性、有策略性的过程，洞察被教练者的心智模式，向内挖掘潜能、向外发现可能性，令被客卿人有效达到目标。

目录
Contents

学习整理术概念图 …………………………………… 1
前　言 ………………………………………………… 1

Chapter 1　工具整理术：为职场人量身打造的学习工具

学习整理术 01
利用"轻松耳朵学习法"提高学习效率 …………… 2

学习整理术 02
利用录音笔将知识转化为声音 …………………… 4

学习整理术 03
别管懂不懂，先背下来再说 ……………………… 6

学习整理术 04
用消噪耳机把公共场所变成书房 ………………… 8

学习整理术 05
通过模仿词调，学习老师的思维方式 …………… 10

学习整理术 06
利用思维导图把握总体结构 ……………………… 12

学习整理术 07
利用 EverNote 创建"个性化辞典" ……………… 14

学习整理术 08
定期订阅专业杂志获得图表 ……………………… 16

学习整理术 09
通过 Facebook 创建学习小组 …………………… 18

学习整理术 10
在 Google Documents 上共享学习笔记 ⋯⋯⋯⋯⋯⋯⋯⋯ 20

学习整理术 11
"教"是最高效的学习方法 ⋯⋯⋯⋯⋯⋯⋯⋯⋯⋯⋯⋯ 22

学习整理术 12
利用专题型网站汇总信息 ⋯⋯⋯⋯⋯⋯⋯⋯⋯⋯⋯⋯ 24

学习整理术 13
为职场人量身打造行的学习工具 ⋯⋯⋯⋯⋯⋯⋯⋯⋯⋯ 26

Chapter 2　时间整理术：化零为整，多线并进

学习整理术 14
不要长时间连续学习 ⋯⋯⋯⋯⋯⋯⋯⋯⋯⋯⋯⋯⋯⋯ 28

学习整理术 15
有效利用零散时间 ⋯⋯⋯⋯⋯⋯⋯⋯⋯⋯⋯⋯⋯⋯⋯ 30

学习整理术 16
在车站的长椅上学习 ⋯⋯⋯⋯⋯⋯⋯⋯⋯⋯⋯⋯⋯⋯ 31

学习整理术 17
利用"同时学习法"使学习时间翻倍 ⋯⋯⋯⋯⋯⋯⋯⋯ 33

学习整理术 18
用英语学习会计学 ⋯⋯⋯⋯⋯⋯⋯⋯⋯⋯⋯⋯⋯⋯⋯ 35

学习整理术 19
睡觉时间超过 7 小时能提高记忆力 ⋯⋯⋯⋯⋯⋯⋯⋯⋯ 37

学习整理术 20
花钱上课，强迫自己学习 ⋯⋯⋯⋯⋯⋯⋯⋯⋯⋯⋯⋯ 39

学习整理术 21
把考试当做"最后期限" ⋯⋯⋯⋯⋯⋯⋯⋯⋯⋯⋯⋯⋯ 40

学习整理术 22
制定年度计划，进行"零存整取储蓄" ⋯⋯⋯⋯⋯⋯⋯ 42

学习整理术 23
在习题集一角写上完成时间 ⋯⋯⋯⋯⋯⋯⋯⋯⋯⋯⋯ 45

5

学习整理术 24
利用清晨时间进行"输出型学习" …………………… 47

学习整理术 25
利用长假时间集中进行"输出型学习" ……………… 49

学习整理术 26
"零散学习法"与"同时学习法" ……………………… 50

Chapter 3　考试整理术：大胆取舍，把精力用在刀刃上

学习整理术 27
看习题集从答案开始 ……………………………………… 54

学习整理术 28
已经答对的问题无需再做第二遍 ……………………… 56

学习整理术 29
所剩学习时间的一半用来做题 ………………………… 58

学习整理术 30
使用教材遵守 one pocket 原则 ………………………… 59

学习整理术 31
从头到尾通读一遍教材 ………………………………… 61

学习整理术 32
把教材倒过来读 …………………………………………… 62

学习整理术 33
结合车站站名背诵知识 ………………………………… 64

学习整理术 34
尽可能忘掉已经记住的东西 …………………………… 67

学习整理术 35
对比各补习学校制定的标准答案 ……………………… 69

学习整理术 36
考试时先做拿手题 ………………………………………… 70

学习整理术 37
一旦决心参加考试马上报名 …………………………… 71

学习整理术 38
选择难度适合自己的考试 ······ 73

学习整理术 39
复习时间不够时大胆"押宝" ······ 75

学习整理术 40
大胆取舍,把精力用在刀刃上 ······ 77

Chapter 4　习惯整理术:巧用妙招,让自己爱上学习

学习整理术 41
不依赖毅力学习 ······ 80

学习整理术 42
找准你的学习键 ······ 82

学习整理术 43
找客卿师不要找家教 ······ 85

学习整理术 44
寻找学习伙伴,避免半途而废 ······ 87

学习整理术 45
在微博上汇报学习进展 ······ 88

学习整理术 46
用超级美味的甜品来奖励自己 ······ 90

学习整理术 47
切断电源,把游戏机收起来 ······ 91

学习整理术 48
为五年后的自己命名 ······ 92

学习整理术 49
学习最前沿的知识 ······ 94

学习整理术 50
战胜昨天的自己 ······ 96

学习整理术 51
"可视化"学习法 ······ 97

学习整理术 52
通过学习获得"顿悟体验" ·················· 99

学习整理术 53
巧用妙招，让自己爱上学习 ·················· 101

Chapter 5　环境整理术：改善身体状况与周边环境

学习整理术 54
θ 波的功能 ·················· 106

学习整理术 55
晚上散步时练习听力 ·················· 108

学习整理术 56
把咖啡厅当成书房 ·················· 110

学习整理术 57
租自习室学习 ·················· 112

学习整理术 58
利用集训集中精力学习 ·················· 114

学习整理术 59
通过香味控制注意力 ·················· 116

学习整理术 60
有助于提高学习效率的花草茶 ·················· 118

学习整理术 61
饭吃八分饱，节食半天 ·················· 120

学习整理术 62
调暗房间的灯光 ·················· 121

学习整理术 63
在身边摆放黄色物品 ·················· 123

学习整理术 64
从整理书桌开始 ·················· 124

学习整理术 65
听听佛经，集中注意力 ·················· 127

学习整理术 66
冬天把空调设定在 20℃ ·················· 129

学习整理术 67
利用腹式呼吸消除杂念 ·················· 130

学习整理术 68
盘腿坐着学习 ·················· 132

学习整理术 69
改善身体状况与周边环境 ·················· 134

Chapter 6　语言整理术：把握语言的规律与变化

学习整理术 70
阅读平装书使阅读量突破 100 万个单词 ·················· 136

学习整理术 71
只要掌握 1,000 个单词就能跟人用英语聊天 ·················· 138

学习整理术 72
巧用软件背诵单词 ·················· 140

学习整理术 73
每年花 1,000 小时练听力 ·················· 141

学习整理术 74
从电视剧中学习鲜活的英语 ·················· 143

学习整理术 75
英语会话的 KTV——"影子练习" ·················· 145

学习整理术 76
把重要句型全背下来 ·················· 147

学习整理术 77
借助 iTunes U 免费留学海外 ·················· 149

学习整理术 78
利用 Skype 检验自己的英语会话能力 ·················· 151

学习整理术 79
把握语言的规律与变化 ·················· 152

Chapter 7　职业整理术：学习是一种人生态度

学习整理术 80
职业生涯的蓝海战略 ………………………………… 154

学习整理术 81
学习会计知识，横向扩展职业 ……………………… 157

学习整理术 82
马上实践学过的知识 ………………………………… 159

学习整理术 83
为职业生涯上一份双保险 …………………………… 161

学习整理术 84
如何通过学习拓展人脉 ……………………………… 163

学习整理术 85
学习的投资回报率 …………………………………… 166

学习整理术 86
把工作变成"案例" …………………………………… 168

学习整理术 87
三人行必有我师焉 …………………………………… 170

学习整理术 88
用工作时间的 20% 搞自己的研究 …………………… 172

学习整理术 89
学习是一种人生态度 ………………………………… 173

后　记 ………………………………………………………… 175
出版后记 ……………………………………………………… 177

Chapter 1 工具整理术

为职场人量身打造的学习工具

学习整理术 01
利用"轻松耳朵学习法"提高学习效率

在野田秀树的戏剧中有这样的台词："于是，我不禁想闭上眼睛。可是，我没法把耳朵也闭上。因为我们有眼睑，没有'耳睑'。"①

耳朵总是"老实"地接受来自外界的一切信息，是一个很好的信息输入装置。人累了会闭上眼睛，却不会"闭"上耳朵。在挤得满满当当的电车里，就算两只手都"没空"，耳朵还有可能派上用场。我想从"轻松耳朵学习法"——灵活运用听话的耳朵进行学习的办法——开始介绍"学习整理术"。

一提到利用耳朵进行学习，最先浮现在我脑海中的是课程或研讨会的 CD。近来书本、杂志附带配套 CD 已不是什么新鲜事，附带 CD 的远程教育教材也日益增多。只要把这些 CD 拷入 iPod 一类的 MP3 播放器，**就可以创建一个自己的"学习库"，如同随身携带着一个学校。**

此外，我们还可以利用播客（Podcasting，发布声音文件）。iTunes Store 上有很多以播客形式发布的声音信息，比如广播节目。

---

① 《赝作·盛开的樱花树下》。野田秀树投身于歌舞伎事业后，《歌舞伎风格》乃其杰作。这部作品改编自自称重生了的坂口安吾的作品。看完之后，我强烈地感受到，与其说是坂口安吾的重生，不如说是歌舞伎演员的重生。

提供 iTunes U 的日本大学（部分）	
东京大学	北海道大学
京都大学	九州大学
庆应义塾大学	中央大学
早稻田大学	

同时，iTunes U 上发布了很多大学的课程视频，称其为"学校"毫不为过。购买 iPod 就相当于上了这些大学，真是一个幸福的时代啊！快来享受根据自己的需求组织课程、构建"学校"的乐趣吧。①

建议大家充分利用 iTunes U 上的 audio book。Audio book 指有声读物，日本人可能不太熟悉，但对于上下班要长时间开车的美国人来说，它却是能够充分利用开车时间的重要媒体。

美国书店里都有一个专门摆放有声读物的书架，所有的畅销书都被制作成了有声读物。我在美国留学时，常常从图书馆借有声读物来听。②

"The 4-Hour Work Week: Escape 9-5, Live Anywhere, and Join the New Rich" 的配套 CD。就算是靠毅力才能看下去的英语书，转换成声音后也能轻松听完。

---

① 利用海外充实的播客资源，身在日本也能"留学海外"。具体内容请参见"学习整理术 77：利用 iTunes U 留学海外"。
② 汤姆·彼得斯（Thomas J. Peters）的 *The Brand You 50*、*The Project 50*、*The Professional Service Firm 50* 系列书中激进的内容使我很受震撼。在日本，这些书以《汤姆·彼得斯的工薪阶层大反攻》系列之名出版。近年来，"*THE LEAN STARTUP*"等受到追捧的外国书大都已被制作成有声读物。

学习整理术 02

利用录音笔将知识转化为声音

"轻松耳朵学习法"是一个十分有效的办法，却有一个致命缺点，那就是无法确保我们所学习的知识都有音频资料。虽说大规模的资格考试一般都会出配套CD，但一些非主流考试的音频资料我们就很难弄到手了。

这种情况下，我们可以善用录音笔。**把教科书中想要记住的部分读出来，再用录音笔录下来。**这样一来，你就能变身为自己的老师，为自己搭建一个自主学习的平台。

不妨尝试一下这种自主学习的方式，往往会收到令人意想不到的效果。这与听觉记忆的准确性有关，比起视觉记忆，听觉记忆的效果好得多。

假设我们光用眼睛看教科书，然后参加考试，你就会意识到你对细节的记忆是多么不准确。比如，数字"680"和"690"，它们在字形上十分相似，单凭视觉记忆很容易混淆。

可是，如果通过声音记忆，"liu ba ling"和"liu jiu ling"则完全不同。**通过声音进行记忆能够避免记忆的混乱。**

声音稍有不同，意思马上改变，所以我们听的时候会十分注意细节。

视觉适用于瞬间捕捉整体形象，不擅长记忆细节。画面比声音包含的信息量大，给人的感觉就是"大概是这样吧"，故适用于捕捉整体形象。

　　就这点而言，声音能够让人注意到细节部分。这就是声音在记忆方面的优势。

学习整理术 03

别管懂不懂，先背下来再说

据说还没学会说话的婴儿和不会说话的古代人，他们看事物时就像拍照片一样，所见即所得。洞穴中壁画上的线条之所以异常"写实"，就是因为古代人拥有"所见即所得"的视觉能力。人类在进化过程中，掌握了把事物概念化的能力，似乎也因此丧失了这种"所见即所得"的能力。

在这个意义上，"轻松耳朵学习法"是一种能够直接记忆信息的方法，因为它跳过了通过视觉将事物概念化的过程。

有一句俗话说得好，"挨着和尚会念经"。很多东西**实际上我们不用理解也能记住**。就像不懂经文内容也能把它记住的小和尚一样，通过声音我们能够记住非常多的东西。学习的内容越难，越能彰显"轻松耳朵学习法"的"轻松"之处。

就算是不理解的内容，也先把它牢牢记住。总有一天会突然领悟："哦，原来是这么回事啊！"

这中间隐藏着一个重要的概念——**先记住再理解**。

我们接收到的信息，不会马上转换成已知的概念。我们要做的是先接受那些"陌生"的信息。[①]准备学习的内容是我们不知道的内容，

[①] 这与文件整理术的窍门"先收纳再分类"概念有关。若想把文件先分类再收纳，往往会发现桌上堆满了无法分类的文件。不妨改变做法，先把文件收纳起来，把桌子整理干净，以后有空时再对文件进行分类。改变一下顺序，就能迅速提高整理文件的速度。

所以在学习的瞬间会产生强烈的"搞不清是怎么回事"的感觉。不要因为"不知道"而拒绝这些信息，先把这些不了解的信息输入大脑。在学习中，要允许这种状态的存在。

学习整理术04
用消噪耳机把公共场所变成书房

通过耳朵进行学习时一定要准备一个消噪耳机。

声音能够直接传入大脑，对人产生直接影响。消噪耳机能够最大限度发挥声音的效果。

消噪耳机通过发出与外界噪音相反的波长来消除噪音，帮助人们听清播放器放出的声音。这样一来，坐电车上下班的人就能够不受电车噪音的影响，充分享受音乐的乐趣。

声音与音乐不同，漏听一个词意思会产生很大差别。重听不仅浪费时间，还很麻烦。比起听音乐，想要通过耳朵达到"轻松学习"的目的，更需要一个消噪耳机。

一戴上消噪耳机你自然会体会到，不仅在坐电车时，日常生活中也噪音泛溢。比如办公室就是一

3个消噪耳机。用了以后就会发现它们各自的优缺点。建议大家使用能够紧紧扣住耳朵的消噪耳机。

个噪音聚集地,复印机、空调、电脑的风扇、硬盘驱动的声音等。人在这样的环境中很难集中注意力。使用消噪耳机,**能够集中注意力的地方马上就变多啦**。

比如说,家庭餐馆。夜里想集中精力学习或写作的时候,我常常去家庭餐馆。这种时候一个消噪耳机不可或缺。只需一个耳机,我们就能把嘈杂的咖啡厅、宾馆大厅、公园和因为安静反而更凸显噪音的图书馆,立刻变成一个让人能够集中注意力的地方。这样一来,**处处都是我们的"书房"啦**!

学习整理术 05

通过模仿语调，学习老师的思维方式

这是我在中学时代上补习班时发生的事。数学老师的口头禅是"这……个嘛"，与一般人的"这个嘛"相比，他喜欢把"这"的音拉的特别长。我觉得很有趣，不知不觉就开始模仿他的说话方式。遇到问题的时候，说"这……个嘛"；翻教材的时候，也说"这……个嘛"。很快，"这……个嘛"成为了全班的流行语。

现在回过头想想，大部分教数学的老师似乎都有一些奇怪的口头禅。上高中以后，我也遇到过很多拥有"特色"的老师，比如喜欢愁眉苦脸地说话的老师、热衷于使用接续词的老师等等。

或许有人会问："这又怎么了？"实际上这与学习密切相关。

这是我参加高考时发生的事。当我打开答题纸，看见考题的瞬间，脑海中立刻浮现出带有老师鲜明特点的语调。老师开始告诉我答案！剩下的时间我仿佛"被老师附身了"，所做的就是跟着老师的声音写答案。

也就是说，**如果想要学习某个人的思维方式，最好连他的语调也一起学习**。通过模仿语调，不仅能学习到声音传达的内容，还能学习到那个人透过语调表现出来的思维方式。因为人的思维方式总是如实地表现在语调之中。

语调也能成为代代相传的"文化基因"[①]（meme）。人们常说评论家小林秀雄的语调与相声艺术家古今亭志生的一模一样。这说明小林秀雄和志生同样受到了江户平民区文化的影响。[②]

语言拥有某种"灵魂附身"式的效果。听说主持人 Tamori 过去模仿寺山修司，慢慢连所说的内容也开始变得像寺山，因而让周围的人很吃惊。这个例子充分说明通过模仿语调能模仿人的思维方式。

通过模仿语调能够学习思维方式，这一点在外语学习上表现得最为明显。我有个朋友在说日语的时候很稳重，可一开始说英语就像变成了另外一个人。

我原来并没有意识到自己也有这样的一面。有人说我说英语的时候看起来自信十足。日语植根于日本文化中，而日本文化强调依靠默契互相理解。与此相反，英语则植根于不明确强调自己的主张就无法获得理解的美国文化中。**不同的文化信条通过语调改变了个人的思维方式。**

有鉴于此，选择模仿何种语调便至关重要。美丽的语调、聪明的语调、有压迫感的语调、人情味十足的语调……自己要模仿哪一种语调呢？通过选择完全能够改变自己。

接下来，我们回到学习的话题上。在学习中，记住老师在课堂上讲的内容很重要，同样重要的是记住老师的语调。这样一来，自然能学会老师的思维方式。完全进入"老师"的角色，就能轻松学会相关领域的知识。

这个方法在实际考试中发挥的效果最显著。当你想要想起某个内容时，先想想老师的语调。完全进入老师的角色进行思考，答案自然会浮现在脑海中。若能完全进入老师的角色，在考试中往往能超水平发挥。

也就是说，前面我们所说的**"轻松耳朵学校"**，其实也是**"语调模仿学校"**。

[①] 由理查德·道金斯（Richard Dawkins）提出的概念，将生物基因的概念应用到了文化上。
[②] 在 iTunes Store 上能够买到古今亭志生说的单口相声，新潮社出版了小林秀雄的演讲 CD，这两个都属于必听的内容。脑科学研究者茂木健一郎称赞小林秀雄的演讲是"最棒的知识享受"。

学习整理术 06

利用思维导图把握总体结构

由东尼·巴赞（Tony Buzan）开发的思维导图（MindMap），以放射性思考模式为基础，是一种接近人类大脑自然思考方式的方法，常被利用于发散性思维中。

利用思维导图，能够将大量信息关联起来记忆，以此达到轻松掌握所学科目总体结构的目的。

首先，在电脑上安装制作思维导图的软件。好评率较高的是MindManager这个软件。此外，还有FreeMind等免费软件。

使用这些软件制作所学内容的总体结构图。首先，翻阅教材的目录，把接下来要学习的章节标题按树状输入软件中。

接下来，输入具体内容，扩张导图容量。把所有内容输入进去后，一张大型思维导图便制作完成。借由这张地图，我们能够迅速把握所学内容的总体结构。

把所学内容转换成由中心向外扩散的思维导图，就能清楚把握所学内容的总体结构。

在此基础上，还可以在每项内容后添加各种图标、备注。

（1）以对考试而言的重要程度为标准，添加表示先后顺序的图标。

（2）以自身是否擅长为标准，添加笑脸或哭脸标识。

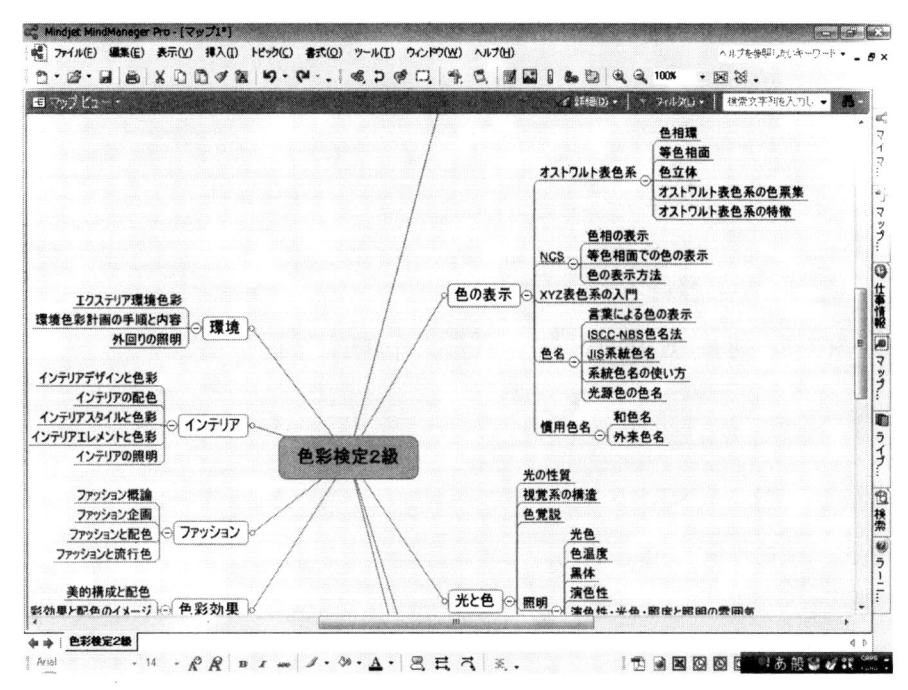

把色彩咨询师考试（2级）制作成思维导图后的画面。（Mindjet Mind Manager 的画面）

（3）输入考试日期、计划完成日期。

添加上这些表情、图标后，整体结构便会更加鲜明。把握整体结构后开始学习，能够使学习更有条理。**换句话说，这样能够使学习结构化。这一点正是"成人学习"的一大特征。**

不同科目所需学习的内容不同，但每个科目的结构类似。比如，首先学习一些词语的定义，解释历史、形成过程，然后介绍经过整理的体系化知识。这种有关"知识的结构"的知识，被称为"元知识"。思维导图发挥着表达元知识的"**知识地图**"的作用。

初高中生和成年人的学习方法存在很大的差别。前者的学习始于盲目的背诵，就像不带地图去旅行一样。我们成年人不用费这种死功夫，**只要遵循知识地图学习便可大功告成。**

学习整理术 07
利用 EverNote 创建"个性化辞典"

为了便于随身携带自己绘制的思维导图,你可以选择把它打印出来。不过既然特地制作了电子版,为什么不以电子版的形式随身携带呢?

这时就轮到 EverNote 大显身手啦。它提供将保存到服务器上的笔记、图片等数据同步到电脑、智能手机等设备上的服务。

把 EverNote 变成自己的专属辞典。

只要把思维导图转换成 PDF 格式存到 EverNote 里，它就会自动被保存在服务器上，可以随时用智能手机、平板电脑查看。

除了思维导图，我们还可以把其他信息也存到 EverNote 里。比如，把教材上重要的地方拍照存到 EverNote 里。EverNote 还可用于网页剪辑，不妨把与学习内容有关的网页都先保存起来。

经过不断积累，EverNote 慢慢就会变成**个人专属的辞典**。因为是自己制作的辞典，所以使用起来格外得心应手。因为随时都可以浏览，EverNote 不仅能让我们充分利用零散时间，还能提高学习效率。

学习整理术 08
定期订阅专业杂志获得图表

灵活运用各种信息源，能够帮助我们利用 EverNote 不断扩展个人辞典的内容。杂志、书和报纸等纸质媒体与网络不同，它们对信息进行了归类整理，从中我们能够**高效率地收集到许多信息。**

阅读专业杂志时请把重点放在图表上。专业性强的内容包含了许多难以理解的复杂信息，所以杂志常常利用图表帮助读者在短时间内理解这些复杂的内容。看杂志时，关注这些图表，能够提高收集信息的效率。

图表有几个优势。首先是一目了然。比如，我们很难用语言描述行业关系图之类的东西，但如果把它制作成图表就很容易看懂。有段时间，广告行业处于大洗牌时期，利用图表我很快弄清了这一行的概况。

此外，**需要把握细微**

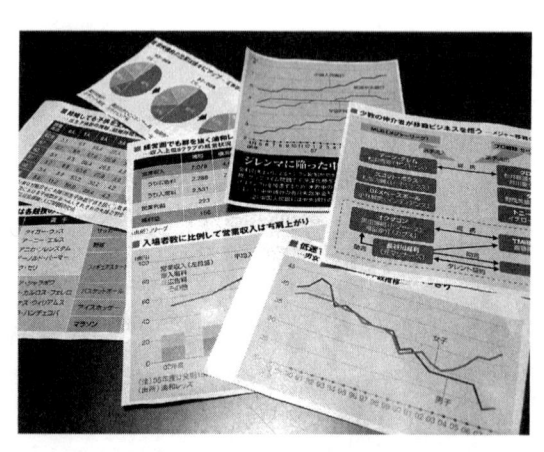

杂志上有各种各样的图表，如饼图、折线图、一览表等。充分利用这些资源吧！

差异时，图表也很好用，如品牌的市场定位图（positioning map）。

前些日子，杂志《日经 Entertainment》刊登了女演员的市场定位图。从"保守——进步"、"所演角色给人留下印象作为偶像受到追捧"两个维度进行了分析。看完我才知道长泽雅美和黑木美纱虽然都是"作为偶像受到追捧"的女演员，在"保守——进步"的维度上却处于对立面。

自己制作这样的图表要花费很多时间。光凭缩短了制图时间这一点，订阅杂志就很值得。看到这样的图解最好用照相机拍照或用扫描仪扫描之后保存起来。

学习整理术 09
通过 Facebook 创建学习小组

学习时我们会遇到学习伙伴。人们常说，去商学院留学，认识同学比学习知识更重要。

成年人踏入社会后，在日常工作中，很难结识其他行业的人。学

通过在 Facebook 上交流，把"偶遇"转变为人脉。

习对这些人来说是一个拓展人脉的好机会。

使用 Facebook 的群组功能，建立学习小组，能够帮助我们牢牢把握这个机会。

在群组中，除了交换考试信息，还可以聊聊天，讨论一下交流会办些什么活动。尤其是准备参加资格考试的人，最好与同学建一个学习小组，以交换一些课堂上得不到的信息。

前段时间，我参加了以《商业模式新生代》（*Business Model Generation*）一书为主题的读书会。读书会结束后，我参加了 Facebook 上的学习小组，继续和大家交流。

Facebook 的实名制在这种拓展人脉的方式中起了非常大的作用。 在了解对方身份的基础上进行交流，就很少会发生对方突然取消账户、见面时在现场捣乱等问题。

学习整理术 10
在 Google Documents 上共享学习笔记

我想很多人都曾在上大学时找别的同学复印过自己没有上的课的笔记。每到考试前夕，便宜的复印店门口都大排长龙。复印量大到让我觉得森林遭到破坏的根源就在于此。虽然笔记常常是很厚一摞，但因为大家共同生活在学校中，所以借还起来也没有什么不方便。

在 Google 上共享文件很方便，因为能够多人同时编辑文件。

一旦开始工作这样的方法就行不通了。步入社会后，大家在不同的公司工作，生活节奏也不同，学习伙伴之间无法共享这样大部头的复印件。这时，我们可以灵活运用 Google Documents。

利用这款软件能够在线制作文件、电子表格和简报文件。制作完成的文件和 EverNote 一样被保存在服务器上，无须随身携带，通过电脑、智能手机便可登录查看。

和他人共享保存在服务器上的文件也很简单。只要你有 Google 账户，就能同时完成共享、制作、编辑等操作。利用这款软件**能够享受大家一起编辑学习笔记的乐趣**。

学习整理术 11
"教"是最高效的学习方法

通过建立学习小组，共享学习笔记，能够创建一个大家互相学习的环境。心胸狭窄的人可能会想："光自己学明白就够辛苦的了，凭什么还要教别人！"这种想法与现实恰恰相反。**通过"教"，我们能把知识学得更深更透。**

我们曾对"学习过的内容你理解了多少"这个问题进行过调查，结果如下：

听到的内容 10%

看到的内容 15%

听到又看到的内容 20%

和别人交谈时 40%

亲身体验时 80%

根据以上结果，要想更好地理解学过的内容，最好的方法便是"体验"。可是，我们很难把要学习的内容都亲身体验一遍。

其实，还有一种比亲身体验效率还要高的学习方法，那就是——教。因为根据上述调查，"教的时候"理解度高达"90%"。

我自己就是按照以下顺序，通过"教"来促进"学"。

（1）和学习小组的成员互相学习；

（2）把学到的知识教给公司的团队成员；

（3）把学到的知识写到博客上；

（4）写成供杂志连载用的稿子；

（5）用作工作坊的主题；

（6）用作研讨会、进修的主题；

（7）写成书的底稿。

这样不断地"教"下去，一开始可能只理解了10%，最后能够理解90%。

举例来说，我以前学习"客卿"（Coaching）时，就是通过这个方法来加深理解的。

我从八月中旬开始学习客卿。第一时间把学到的内容以工作邮件的形式发给了公司的团队成员。

之后，我在自己发行的电子杂志上呼吁："我开始学习客卿了，你有兴趣成为我的客户吗？"想不到竟然收到了50封回信。从那以后，我每周给一个人进行客卿，截至第二年七月我已经为100人进行了客卿。

然后，我把相关内容写到博客上，并在杂志上进行连载。同时，在人数不多的工作坊、研讨会、进修班上，介绍客卿的技巧。如今，我又像这样把这件事写到了这本书上。

目前，我正通过即兴剧介绍相关内容。虽然2011年才开始学习客卿，可我亲身感受到**通过在不同的场合"教"这一内容，我对它的理解越来越深刻。**

不要因为是初学者就感到害怕，教学相长，通过教不同的人，我们自己也能学得越来越好。

学习整理术 12
利用专题型网站汇总信息

　　网络的优势在于能够扩展"教"的对象。不同的人用不同的办法传播信息，比如有人在博客上介绍，有人自己发行电子杂志。
　　最近备受关注的是"专题性网站"——把网络上的各种信息按照主题归类的网站。这一工作对寻找相同主题信息的人而言十分有价值。
　　比如，"在 Facebook 上促销成功的企业案例"这个主题，对想要在 Facebook 上促销的人而言就十分有吸引力。但是，这样的信息往

能够简单地制作汇总信息的网页（http://matome.naver.jp/）。

往分散在各处，需要把它们一点点检索出来。

"NAVER 专题"等专题型网站，提供了将分散各处的信息集中在一起的工具。信息通过人手越来越系统化，也使网络使用起来更方便。

佐佐木俊尚把挖掘信息并介绍给他人的工作称为"curation"（管理），并把它定位为将创造者与消费者结合起来的重要工作。在学习中，curation 不仅是一个收集最新信息的好机会，而且能让我们借由将信息告诉第三者提高自身的学习效率。

学习整理术 13
为职场人量身打造行的学习工具

美国建筑师路易·沙利文（Louis Sullivan）提倡的"形式随从功能"（Form Follow Function）概念，已经超越了建筑领域成为20世纪整个设计领域的重要概念。

适当的形态与想要实现的功能密切相关，我们应该**追求贴近功能需求的形态**。工具整理术就尝试着把这个概念运用到学习中。

为了实现"通过学习获得知识"的"功能"，我们应该采用什么样的"形态"（即工具）呢？我们在学习时，不是要先有理想的工具，而是首先要根据我们的目的、环境、条件及限制来考虑必要的功能，再在此基础上考虑需要什么样的工具。

这样一来自然会产生与学生时代完全不同的学习方法。学生有学生的学习功能，社会人有社会人的学习功能，学习的形态会根据功能的改变而变化。

总结本章中介绍过的社会人所特有的学习功能，包括以下三点：

（1）各种知识输入法（轻松耳朵学习法等、充分调动五官）；

（2）知识的结构化（充分利用思维导图的元知识）；

（3）知识的网络化（与他人共享知识）。

为了实现这些功能，我在本章中介绍了作为形态的工具整理术。

也请大家以追求的功能为出发点，找出最适合自己的形态吧。

Chapter 2　时间整理术

化零为整，多线并进

学习整理术 14
不要长时间连续学习

社会人和学生在学习上最大的不同在于时间的长短。**平常要上班的社会人没法一次学习很长时间。**

学生时代,特别是高考前,必须长时间学习。说到这,我想起自己临考试前的学习安排:

6:30　起床。边吃早饭边学习。

7:30　去上学。在电车上摇晃 30 分钟。

8:00　在学校早自习。彻头彻尾的早起一族。

8:45　上课。犯困的时候偷偷睡觉不让老师发现,荣获"瞌睡虫"的外号。

15:00　留在学校继续学习。

19:00　回家吃晚饭。偶尔看看电视剧、娱乐节目放松(父母那时似乎为此感到很焦急)。

20:00　吃过晚饭,到车站附近的 Mr. Doughnut 去学习。

24:00　回家,泡澡,睡觉。

那时,加上上课时间我每天学习 14 个小时。现在想想时间简直长得让人惊讶。我属于睡不够就没有精神头的人,所以每天要睡 6 个小时,很多人每天比我学习到更晚。

我常想如果现在也能学习这么长时间该多好。可问题是一旦参加工作根本抽不出这样整块的时间。

有些人或许会感叹："不可能再像高考时那么充实地学习了……"奇怪的是我完全没有这样的想法，反而觉得踏入社会后能更加充实地学习。

为什么我会有这样的感觉呢？这其中蕴藏着成年人学习方法的关键，那就是**正因为时间短反而更能集中精力学习**。积极利用"没时间"这种状况，在短时间内高效进行学习，这样**能够避免因长时间学习而产生倦怠感**。

或许有人认为时间这种资源越多越好，事实并非如此。如同商业项目，拥有的资源越多，最后被浪费的资源也越多。研究官僚政治的帕金森将这个法则总结为"帕金森定律"，即"只要还有时间，工作就会不断扩展，直到用完所有的时间"。

也就是说，时间越充裕越容易被浪费。这样一想就不难理解为什么没有整块学习时间的社会人反而能够更充实地学习了。

不要把"不能长时间学习"当做消极因素，将其转化为"正因为无法长时间学习，才能够集中注意力学习"的积极思维。

本章将介绍社会人特有的短时间学习法。

学习整理术 15
有效利用零散时间

社会人很难像临近高考的高中生那样集中时间学习，所以更是连 5 分钟都不能浪费。关键是通过有效利用工作间隙产生的"**零散时间**"来学习。

上下班时、等人时、吃饭时、睡觉前，都是容易产生"零散时间"的典型时段。**努力把这些平时很可能无所事事的时间用到学习上。**

在第一章《工具整理术》中曾介绍过的个人辞典是利用零散时间的最好办法。一有空闲时间马上拿出智能手机，用 EverNote 复习学过的词。有时间就看一眼，不断在大脑中温习，很快就能准确地记住一个词。

一旦养成这样的习惯，个人辞典不在手头的时候，就会觉得"太浪费时间啦"。觉得"浪费"说明你已经深刻认识到了时间的重要性，产生了积极的"紧迫感"。**这种紧迫感能够提高零散时间的学习效率。**

说起来，我曾经利用零散时间做过习题集，可效率很低。答题、对答案、重新思考做错的题，这些工作需要放在一个集中的时间来完成。[①]

如果非要利用零散时间做习题集，最好不要做题光看答案。因为用于答题的词语都是重要词语，不妨一边看答案，一边猜测"问题可能是这样的吧"。重要的是**根据时间的长短采用不同的学习方法。**

[①] 以解决问题为主的输出型学习需要别的方法论。如下文将介绍的"学习整理术 24：利用清晨时间进行输出型学习"、"学习整理术 25：利用连休时间集中进行输出型学习"等。

学习整理术 16
在车站的长椅上学习

说实话，有段时间我曾认真考虑把家搬到远处的事。因为我想利用上下班路上的时间学习、看书。可搬家需要下很大的决心，所以我尚未付诸实施。不过，我想了一个代替的办法——故意在上下班路上花更多的时间。这是为了坐在车站的长椅上，创造更多零散时间来学习。

城市里电车过往频繁的地方，这一趟电车挤，下一趟电车十有八九就空。我不喜欢坐拥挤的电车，所以遇到人满为患的电车时，我就会等下一趟。试着利用这个时间坐在椅子上学习，没想到学习效率竟然很高。既能坐上没什么人的电车，又能学习，真是一举两得！

不知为什么，坐在长椅上学习特别能够集中注意力。或许是因为心里想着"下一趟电车就要来了"，周围的人又都行色匆匆，让人心里产生了紧迫感吧。

慢慢地我开始尝试用更多办法挤出零散的时间，比如，就算这趟电车不挤也特意坐下一趟电车，有时故意坐过站再往回坐。这种努力的成果是，虽然没有把家搬到更远的地方去，我也达到了自己的目的。

这样挤出来的时间对学习而言十分珍贵，又不影响工作和平时的生活。这么做还有一个好处——使人在精神上更加放松。[1]

人们以失去悠闲的生活为代价，换来了生活的便利。对现代人而言，能够有时间坐下来读书、学习是件很奢侈的事情。

---

[1] 生活整理术并非一味只追求效率。考虑到知识的产出，有时也需要浪费一些零散时间。高效并非最终目的，重要的是整理术带来的效果。

学习整理术 17
利用"同时学习法"使学习时间翻倍

  这是我在准备参加中小企业咨询师考试时经历过的事。据说要想通过考试，至少要学习 1000 个小时。最终，我在开始学习的那一年一次性通过了这个考试。

  当时我在广告公司工作，多的时候每个月要加班 200 个小时，加上上班时间每周要工作 360 个小时，属于严重超负荷劳动。这意味着，就算把周六日也算上，我平均每天还要工作 12 个小时。回到家吃个饭，洗个澡，稍微休息一下，一天也结束了。

  在这种状况下，我之所以能够保证通过考试所必需的学习时间，是因为我运用了"同时学习法"。比如说，边吃饭边学习。早饭 30 分钟，午饭、晚饭各 1 个小时，加起来就有 2 个半小时的学习时间。这样坚持一年，学习时间竟然超过了 900 个小时！

  此外，还可以在运动的同时学习。在美国留学时，我把英语节目下载到 iPod 上，边听边在跑步机上锻炼。运动的节奏，有利于英语的听力练习，跑步也变得不再无聊，真可谓一举两得。

  另外，建议大家边干家务边学习。洗衣服本来很无聊，不妨边听 iPod 边洗衣服。

  和运动一样，这样一来既能使干家务变得有趣起来，又能学习。

没有时间的人才能想出这样的方法,时间太多的人反而会错失这一举两得的好机会。

学习整理术 18
用英语学习会计学

　　除了灵活利用时间使时间加倍，还可以使学习内容翻倍。比如，假如你在同时学习英语和会计，**那就干脆用英语学会计学吧**。

　　我自己用这个方法准备过商学院的入学考试。美国的商学院都用英语上课。课前必须查清楚课上出现的那些英语单词是什么意思，否则就会听不懂整堂课。特别是会计课程，有很多专业用语，在国内时一定要把英语教材先预习一遍。

　　这让我发现了一件很不可思议的事——有些内容**用英语学习比用日语学习起来更容易理解**。用日语理解起来多少有些混乱的概念，用英语理解起来反而更简单。

　　这可能和翻译有关。虽然译者很用心地把外国的会计学概念翻译成日语，但总有一些地方不能表达得特别贴切。此外，同样的汉字有几个不同的意思，有时囿于字义很容易理解错。

　　本来很简单的英语单词，经过翻译，加上汉字的多义性，变成了复杂、模糊的日语。比如，日语的"借贷对照表"，指英语中的 balance sheet（资产负债表），因为被翻译成了"对照表"，意思反而更加难以理解。[1]

---

[1] 据朋友说，看英文原版书的话，西洋哲学也很好懂。最好把所有来自国外的概念都与原文对照一遍，这样理解起来更快。

如果想用英语学习会计学，推荐大家用 *Essentials of Accounting* 这本书，日文版叫做《英文会计基础》。这本书语言简单，解说简洁，便于理解。大家一定买来看看哦。

除了会计学，还可以进行其他的"同时学习"，如"用英语学习市场营销"。

学习整理术 19

睡觉时间超过 7 小时能提高记忆力

针对高考学习过去有"四当五落"的说法，意思是把睡觉时间缩减到 4 小时就能考上大学，睡 5 个小时的人则会名落孙山。

可我这个人就算睡够了 6 小时，上课的时候还是想睡觉。上文也提到了，因为我实在太爱犯困，同学都叫我"瞌睡虫"。看来我属于所谓的"长时间睡眠需求者"，这属于体质问题我也没有办法。[①]

事后我查阅了很多资料，发现多睡觉对于学习来说没有负面影响。**不睡觉产生的影响更加消极，因为人的记忆是在睡觉时固定下来的。** 睡觉时，做梦的过程其实是把白天的经验整理并转化为记忆的过程。也就是说，**强制减少睡眠时间对学习而言百害而无一利。**据说要想提高记忆力最好睡 7 小时以上。

用语言学习来说明睡眠与记忆的关系是再适合不过的。在商学院留学时，一开始光是听懂上课内容已经弄得我筋疲力尽，所以晚上一到 10 点我就困得受不了。

尽管心里想着"还得预习明天的内容呢……"可我常常还是很没出息地睡着了。大脑为了让我记住白天学习的语言知识，故意发出了"好

[①] 不要把那些睡得少的人说的话当真，否则会累死自己。睡眠时间长短属于体质问题，与毅力、精神无关。

好睡觉"的指令。其实每个人都在经历"睡眠学习"的过程。

一旦成为社会人还要考虑学习对本职工作的影响。为了学习而缩短睡觉时间，结果在工作时无法投入全部精力导致要加班……这样就本末倒置了。

睡不够就无法集中精力进行零散学习和同时学习。再考虑到记忆的构造，**保证睡眠时间反而能够提高学习效率。**

我每天要睡 7 个小时。既要工作，又要写稿，还要进行客卿，很多人问我"你有那么多时间睡觉吗？忙得过来吗？"最近，我越来越意识到"不睡这么长时间，根本应付不过来！"如果能提高工作效率，工作时间的长短也就不再那么重要啦。

学习整理术 20

花钱上课，强迫自己学习

作为社会人，很难选择到底要不要报名上课。到学校去上课，不仅时间上受限制，有时还不得不打断工作。如此看来似乎自学更好一些。但我个人觉得，**从结果来看还是去学校听课效率更高。**

因为只要报了名，就得强迫自己学习。一旦定下上课时间，到了那个时间就必须学习。在《整理的艺术2：时间是整理出来的》中我介绍过"跟自己约会"的办法，**上课就是强迫自己跟自己约会。**

如果告诉公司自己正在学习，"去上课"就是一个拒绝加班的好借口。如果工作日要上课，上课那天就是"不加班日"，能让自己从无止尽的工作中暂时脱身出来。这样一来，就会**督促自己在上班时间把某事做完。**

还有很重要的一点是，听课给人留下的印象更深刻[1]，就像在现场听音乐和听CD完全不同一样。如果能够记住老师的语调和上课的氛围，听课效果会更好。[2]

---

[1] 亲身经历过的事给人留下的印象十分深刻。比如，"这个课听得我痛苦死了"，把上课时的心情和课程内容一起记住吧。
[2] 在第一章工具整理术"学习整理术05：通过老师的语调模仿其思维方式"中已经介绍过，通过模仿某人的语气能够学会他的思维方式。

学习整理术 21
把考试当做"最后期限"

一般情况下，人们认为"临时抱佛脚"是一种不好的学习方法。的确，光靠临阵磨枪应付考试，解决不了根本问题。学习应该依靠孜孜不倦的努力。

可一旦步入社会，有时即便你孜孜不倦地学习，效果也有限。从某种意义上说，如果不设定一个"最后期限"，人在学习时就会磨磨蹭蹭延缓进度。考试是督促人保证学习进度的有效手段，因为考试前必须把考试范围内的内容复习完。**把考试当做"最后期限"，是督促自己学习的一个好办法。**

以前，我参加过色彩咨询师考试。[①]补习班每周都有考试，而且事后在全班同学面前公布每个人的成绩。谁也不想丢脸，于是考试发挥了很强的"最后期限"效果。

这周很忙，这周总是出差……当想尽办法也无法保证学习时间时，考试前就不得不"临时抱佛脚"。我们不太可能为了学习熬通宵，这种情况下就算学习可能也只学半个小时就睡着了。那到底是学还是不学好呢？答案当然是学好。如果没有考试，我们可能会一直拖沓下去，

[①] 有人问我"为什么要参加色彩咨询师的考试"。答案隐藏在第七章职业整理术"学习整理术 80：职业生涯的蓝海战略"中。这其实是一个构筑独特职业生涯的方法。

该学的内容也不学。

　　去上各种学习班的好处就在于定期有考试。有别人的考试结果作为比较，能很清楚地看到自己目前所处的水平。**上课和考试对社会人而言都是很重要的促进剂。**[①]

[①] 除了考试，我们还可以通过别的东西促进自己学习。具体请参见"学习整理术43：找客卿师不要找家教"。

学习整理术 22
制定年度计划，进行"零存整取储蓄"

想要通过资格考试都需要花费一定的时间来学习。比如，前面说过，想要通过中小企业咨询师考试需要学习 1000 个小时。

如果能够一步一个脚印踏踏实实学够这么长时间，就能通过考试，反之则不能。社会人的时间全凭个人安排。**影响一个人能否通过考试的最大因素，不是他有多聪明，而是他如何安排时间。**

假如某个考试考验的是人的思考能力，那就要求参加考试的人很聪明。但资格考试大多并非如此。只要考生掌握考试要求的知识，就能通过考试。也就是说，只要努力，任何人都能通过资格考试。

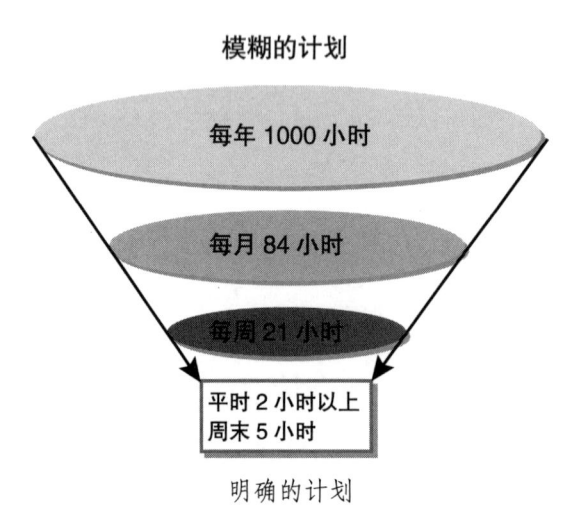

这和漫画《龙樱》里说的"每个人都能考上东大"是一个道理。就像漫画里说的"数学靠死记硬背"，填鸭式的教育足以应付高考。资格考试更是如此，聪不聪明和能否通

模糊的计划

每年 1000 小时

每月 84 小时

每周 21 小时

平时 2 小时以上
周末 5 小时

明确的计划

如何分配 10 年间的 5000 个小时
1500 小时　掌握熟练的商务英语
1000 小时　掌握基础的商务知识，准备中小企业咨询师考试
1000 小时　学习网络等前沿知识
800 小时　学习设计知识，使自己的职业具有独特性
500 小时　用于自己的兴趣，如学习乐器

↓

未来的自己

过考试一点关系也没有。

说到这里，**只剩如何积累 1000 小时学习时间这个问题了。**

计划性变得至关重要。我参加中小企业咨询师考试时，先规定每个月的学习时间，然后再制定每周、每天的学习计划。这样一来，**能把一个大的目标细化到每天的具体行动中去。**

接下来很重要的一点是把每个月实际学习的时间用 Excel 表记录下来。坚持记录，就会感受到自己一步步接近了"1000 小时"这个目标。正如人们常说的"千里之行，始于足下"。这在刚开始准备考试心里没底的时候是一个很好的精神寄托。

通过记录学习时间，大概也能知道今后的人生中还有多少时间能用于学习。

1 年学习 1000 小时是个不小的挑战，若是 500 小时就容易多了。1 年 500 小时，10 年就是 5000 小时。怎么分配这 5000 小时呢？这样想想，"人生的计划"就不再虚无缥缈。

工作也如此。我们一直无意识地工作着，回头看看其实已经积累了很多东西。最重要的是如何充实地度过每一天，日复一日地努力（或许）能让我们做到天才也做不到的事。问题是我们往往缺少以发展的眼光审视职业的机会。

　　正因为这是一个忙碌的时代，"学习的零存整取储蓄"、"工作的零存整取储蓄"之类的想法才变得更加重要。将来用这些"储蓄"做些什么呢？希望大家不要仅仅把它用在通过资格考试上，还要能够把它用在更壮阔的蓝图、更美好的梦想上。

学习整理术 23
在习题集一角写上完成时间

有一部名为《荒岛余生》（*Cast Away*）的电影，讲述了汤姆·汉克斯（Tom Hanks）扮演的主人公漂流荒岛，最后获救的故事。其中有一幕给我留下了深刻的印象：主人公在荒岛上生活一段时间后，渐渐不知道今夕是何夕，于是他开始在岩石上记录到底过了几天。看到这一幕时我突然感到"为了考试而学习和生活在荒岛上没什么两样……"

当学习变成一种习惯之后，有时会感到困惑——学习到底有没有进步？陷入这种感觉会让人很不舒服。这时，汤姆·汉克斯采取的"做记录"这个办法非常有效。

除了在日历上做记号，在习题集、教材上写上完成时间也是一个好办法。就算只有一点进步也好。在每一页上写上完成时间，会让人产生"即使只有一小步也好，每天争取有进步"的动力。"搞定了！""有进步啦！"这样的感受，能促进我们为通过资格考试而努力学习。

这样的记录还可以用来估计复习所用的时间。一本习题集要多长时间才能做完？看看习题集上的记录便一目了然。越厚的习题集，这样的信息越有用。

去商学院留学需要先通过 GMAT 考试。这个考试的习题集有电话本那么厚，而且还要反复学习好几遍。把握学习一次所需要的时间，便于制定下一步的学习计划。①

考试结束后，我们往往很舍不得扔掉那些记录了完成时间的习题集。只要看看上面的时间，就会想起很多学习时的情景，感叹："当时学习好认真啊！"这种"变相"的成就感，能够把为通过考试而学习时产生的"一个人被孤零零留在荒岛上"的郁闷，转换为"为了成功逃脱"而学习的动力。

---

① 具体请参见"学习整理术 28：已经答对的问题无需再做第二遍"。

学习整理术 24
利用清晨时间进行"输出型学习"

上文介绍了灵活利用零散时间进行学习的方法。可到了考试前,总要有大块集中的时间进行学习。想要完全利用零散时间应付考试?No,考试没有简单到这种程度。

那么,什么样的内容不能利用零散时间进行学习呢?应该如何运用对于社会人而言十分珍贵的"集中时间"呢?

答案是——输出型学习。

我将在第三章介绍输出型学习的具体内容。在这里,只要知道输出型学习是以"做习题等输出活动为中心的学习"即可。就像我们利用零散的时间可以读完一本书一样,利用零散时间完全可能完成输入活动。

那么,同样的方法是否能完成输出活动?答案是 No。我自己开始写书以后强烈感受到了这一点。**想要输出某些内容时,包括准备过程在内都需要"集中的时间"。**

周六周日能够有一定的集中时间,平时就很难说了。从哪里挤出集中的时间呢?我认为最好的办法是早起一点**利用清晨时间进行输出型学习。**

准备参加中小企业咨询师考试时,我在上班前,常常到位于赤坂见附[①]的快餐店学习。早晨在家很难集中精力学习，所以我就在咖啡厅边吃早饭边学习。

因为是早晨，头脑清醒，注意力十分集中，可以利用这个时间认真做题。**关键在于以参加正式考试的心态来做题。**

说能否通过考试由平时的做题量和精神集中程度来决定一点也不为过。如果做题的时候磨磨蹭蹭、拖拖拉拉，做再多题也没用。正因为如此，不要等到脑子累得转不动的时候再来做题，而要利用一大早头脑清醒的时间来做题。

如果晚上进行输出型学习会怎么样呢？当大脑堆满各种杂乱的信息时，就算迷迷糊糊地坚持学习，也只能搅得脑子更乱。这时我们要做的是躺下睡一觉养精蓄锐。刚才我们也说过了，"睡够觉"有利于记住所学的知识。所以，**晚上不要进行输出型学习，最好用于输入希望在睡觉时能够记住的内容。**

在根据学习内容安排时间上下工夫，不但能大幅提高学习效率，还能进行合理、不伤身体地学习。

[①] 位于日本东京港区赤坂三丁目的地铁站。——编者

学习整理术 25
利用长假时间集中进行"输出型学习"

除了清晨,能够确保进行集中输出型学习的就是长假时间。近些年,随着国家实行"快乐星期一"制度,星期六、星期日、星期一三天连休的假日越来越多。在最后冲刺阶段有多少长假时间可以用于输出型学习?这对制定年度学习计划有很大影响。

比如,中小企业咨询师的考试日期在八月上旬。那么,五月黄金周就是将学习转换为以输出性学习为主的时机。实际上,有很多学习班把模拟考试安排在黄金周期间。

反过来说,我们应当尽量避免在长假期间进行输入型学习。因为连续长时间进行输入型学习很辛苦。如果有人能连续很长时间看教材而不犯困,说明他是一个精力极度旺盛的人。

长时间进行输入型学习的话,对大脑的刺激越来越小,人也会感到越来越无聊。所以应该利用零散时间进行输入型学习。把大块时间耗费在输入型学习上就太浪费了。不长时间进行输入型学习——这是社会人学习的王道!

学习整理术 26

"零散学习法"与"同时学习法"

"零散"与"同时",这是两个与企业经营战略相通的重要概念。一个企业倘若能高效利用零散与同时,就能在激烈的竞争中脱颖而出。

所谓"零散"就是市场营销中所说的"利基市场"。拥有资金、人才等众多资源的大型企业,以独占大市场为目标。中小企业若与其正面交锋,难免落败。

留给中小企业的只有一条路——全力争夺大市场中小的利基市场的占有率。**这与时间受限的社会人的生存之道有异曲同工之妙。**

另一方面,"同时"就是市场营销中所说的"战略协同",这也是一个基本的经营战略,指做某两件事时,不要分别进行,想办法让它们之间产生协同效应。

近来,市场上出现了 Aquos、Viera、Bravia 等品牌的手机,厂家想要达到的也是协同效果。他们认为比起开发独立品牌,这样效率更高、效果更好。

作为社会人,需要考虑的是如何让学习与工作产生协同效果。边工作,边在业务中学习。

"零散"与"同时"不仅仅是挤出时间的方法,也是与战略论、战术论紧密结合的重要概念。在最后一章(第七章)《职业整理术》

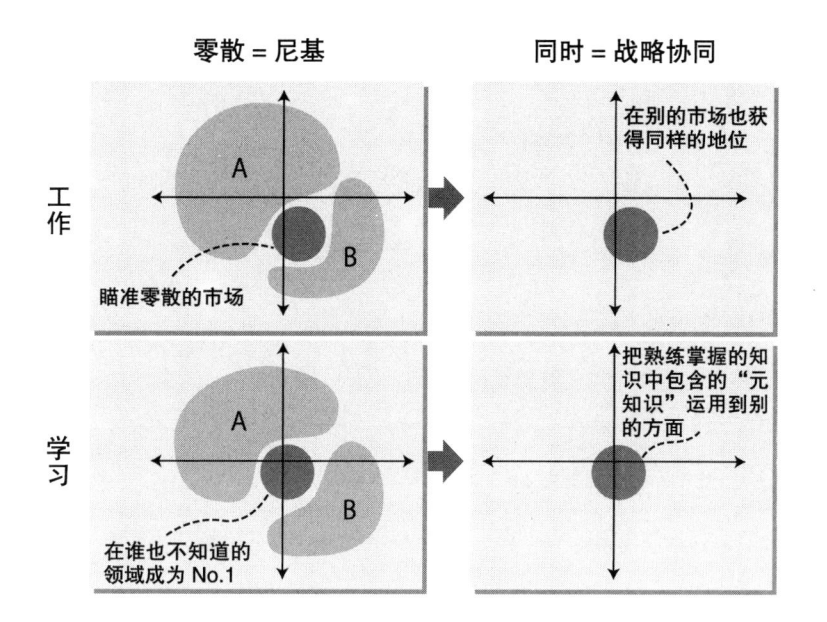

	零散 = 尼基	同时 = 战略协同
工作	A B 瞄准零散的市场	在别的市场也获得同样的地位
学习	A B 在谁也不知道的领域成为 No.1	把熟练掌握的知识中包含的"元知识"运用到别的方面

中还将进一步谈论这两个概念。

在最后一章中，"零散"被称为"没有竞争的蓝海"。[①]"同时"与职业的横向发展及双轨制职业生涯相关。[②]在学习中掌握的"零散"与"同时"两个技能不仅是两种学习方法，还是与人类的生存方式密切相关的技能。

[①] 请参照"学习整理术 80：职业生涯的蓝海战略"。
[②] 请参照"学习整理术 81：学习会计知识横向扩展职业"、请参照"学习整理术 83：以'双轨制职业生涯'为目标"。

Chapter 3 考试整理术

大胆取舍，把精力用在刀刃上

学习整理术 27
看习题集从答案开始

社会人没有时间，有没有一个省事、能让我们快速通过考试的方法呢？还真有这样的好事！那就是下面即将介绍的"输出型学习法"。

输出型学习法的目标很明确——写出足够的答案，确保通过资格考试。把目标设定为通过资格考试，省略与考试无关的学习内容，最大限度提高学习效率。

这个方法由三个步骤构成。

第一步，**在看教材前，先看习题集**。和考试"正面交锋"，了解"这是一个什么样的考试"，根据测试结果制定学习策略。

如果通过了测试，那就不要学习了，马上参加正式考试。就算不马上参加考试，通过测试也能了解自己已经掌握了哪些方面的知识，缺点在哪里。不要再花时间去学已经掌握的内容，应该尽全力补缺补漏。

第二步，**看习题集的标准答案**。如果觉得无从下手复习考试，在做习题集前不妨先看一下标准答案，从中了解答题时的逻辑和需要记住的词。

一本好的习题集可以让你即使不看教材，光看标准答案也能通过考试。如何判断一本习题集好不好？关键的不是其中的问题，而是它

"输出型学习法"的三步骤		
1	做习题集	抱着"不知道也是理所当然"的心态轻松下笔。
2	看答案，理解答案	把握出题规律，弄清该如何进行学习。
3	最后再看教材	重点学习在习题中出现过的问题，Pass没在习题中出现过的教材内容。

对答案的解说是否够详细。

经过这两个步骤，终于可以开始"动用"教材啦。说"动用"，不过是用来对照一下在习题集中出现过的用语罢了。其实就是在教材的相应位置上标注习题集的页数和题数，编制教材与习题集的对照索引。这样一来，在习题中反复出现的内容就会有很多记号。这样一来，很快就能弄清哪些内容需要重点关注。

从输出型学习开始，不做无用功、以最少的精力拿下资格考试。
一旦体验过这样的效果，这种极富戏剧性的方法一定让你欲罢不能。

学习整理术 28
已经答对的问题无需再做第二遍

输出型学习法的关键在于尽可能多次重复输出内容，如同棒球选手不断重复自由击球练习一样。

在不断练习的过程中，一开始觉得很难掌控的球，慢慢变得"听话"起来。输出型学习与输入型学习不同，在学习过程中要能看见实实在在的效果。

这要求我们改变利用习题集的方式——**答对的问题不要再做第二遍**。

做对了，说明你已经掌握了相关内容，再做一遍相同的问题纯属浪费时间。不如把这个时间用来练习不拿手的问题。做错的习题标上记号，下次只做这些标上记号的题。输出型学习法的关键在于集中精力学习还没掌握的内容。

第一遍做习题集把所有的题做一遍。假设正确率为50%，那么第二遍再做时只需做一半的题。假设第二遍的正确率仍为50%，那么第三遍只需要做四分之一的题即可。

这样一来第三遍做题所需时间大幅减少至第一遍做题时的四分之一。假如第一遍用了一个月时间，那么第三遍只需一个星期时间。按照这个趋势发展下去，第四遍只需四天，第五遍只需两天，第六遍只需一天即可复习完习题集。

答错的题中恰恰蕴含着提高得分的线索。

| 答对的题 | 答错的题 |

以商业为例，顾客因不满而抱怨的地方恰恰是需要改进的地方。

| 顾客满意 | 因不满而抱怨 |

进步的线索

当然，谁也不能保证这次做对的习题下次一定做对，正确率或许只有 80%。可是，就算把某些题的正确率从 80% 提高到 100%，对考试结果也不会产生很大影响。况且，这需要花费很大的精力。

与此相比，**把某些题的正确率从 0% 提高到 100% 更容易**。如果能把所有习题的正确率都提高到 80%，通过考试还不是小菜一碟嘛。

学习整理术 29
所剩学习时间的一半用来做题

习题集做得越多效果越好。可是，当时间有限时，能够做的习题量也有限。那么，如何计算自己究竟能做多少题呢？问题的关键在于正确率。

刚才我们假设答题的正确率为 50%，在这种情况下，一共需要多少时间来做题呢？每做一次题少用一半的时间，假设第一次所需时间为 1，那么重复做题所需时间如下：

$$1+0.5+0.5^2+0.5^3+0.5^4+0.5^5 \fallingdotseq 2$$

也就是说，做五遍题需要两倍时间。假定第一遍需要一个月，那么做五遍所需时间为两个月。反过来说，如果离考试还有两个月时间，一个月时间能做完的习题量就是适当的量。也就是说，如果习题量合适，原则上两个月后应该能把习题做五遍。

经过计算，能让我们在有限的时间内，重复做更多的题。

学习整理术 30

使用教材遵守 one pocket 原则

早稻田大学研究生院的野口悠纪雄教授在《"超"整理术》一书中提出名为"one pocket 原则"的文件整理概念。所谓 one pocket 是指"把文件集中放在一个地方，不要到处乱放"。这样一来，我们就会很放心，因为我们知道某些东西肯定放在某个地方。

其实，one pocket 原则也适用于学习。这时，one pocket 的对象是"教材"。

学习时我们往往会使用很多本教材，常常发现某个内容在 A 教材上，另一个内容又在 B 教材上。我参加色彩咨询师考试时，同时使用了官方规定的教材和补习班独立编辑的教材。这两本教材所涵盖的内容有些微妙的不同。

所以，我必须随时携带两本教材，想要查找某些内容时也不得不同时对

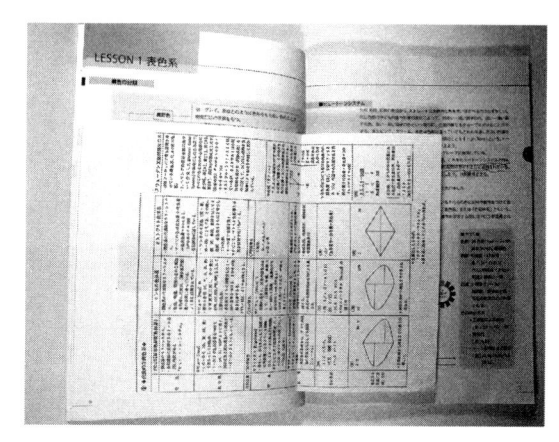

贴在色彩咨询师考试教材上的复印材料。我把考试所需的信息都归纳到这本教材上了。

照两本教材。这种情况下，我们需要运用 one pocket 原则。

具体方法如下。首先，在众多教材中选择一本作为主教材。然后，让这本主教材逐渐涵盖所有的信息。

也就是说，**把主教材没有的内容抄写到主教材上。**

这样做的结果是最后所有的信息都集中在主教材上。如果要抄写的内容比较多，也可以缩印一下贴到主教材上。不管用什么办法，只要自己觉得"不管想找什么内容只要翻阅主教材就 OK 啦"即可。

就我自己而言，我习惯把课上发的材料也缩印以后贴在教材上。通过这样的方式**把教材作为汇总了所有信息的工具，充分加以利用。**

顺便说一句，我准备高考时用的就是这个办法。因为选课的关系，我只能自学日本史课程。老师给了我一本山川出版社的教材，对我说"把这里面的内容记住就行了"。

我没有上过日本史的课，只能靠"自学成才"，所能借助的也只有老师给我的那本教材。我在教材的空白处写上教材所没有的内容，最终创造了一本专属于我自己的教材。

把所有需要的内容归纳到一本教材里，这样一来我们就会很放心，因为"所有内容都在这本教材上，把这些记住就 OK 啦"。

学习整理术 31
从头到尾通读一遍教材

《京大艺人》（讲谈社）一书中介绍了笑星宇治原史规的学习方法——学习历史时首先把教材当做一本书从头到尾通读一遍。

通常在要听课的情况下，我们都是每次上课前看一部分教材。这样一来，就很难弄清历史的整体框架。

就像我在工具整理术中介绍过的一样，作为一种元知识，首先需要把握历史的整体框架。所以，不要今天看一点明天看一点教材，先一口气把它从头到尾看一遍。可能的话，最好反复多读几遍，在大脑中建立起整个框架。

在此基础上，再去记那些具体的用词。基础打得牢，又能看清事件之间的关联，背诵起来自然更容易。

不仅是高考的历史考试，学什么都可以用这个办法。首先通读教材把握知识的整体框架，为今后的学习打下坚实的基础。

学习整理术 32
把教材倒过来读

我在自学日本史时，基本只用了教材。尽管如此，也顺利通过了高考。如果我使用好几本参考书，说不定反而会因无所适从而耽误学习。

集中精力把一本教材学透，对没时间的社会人来说是最有效的学习方式。

短时间内吸取教科书的精华也有诀窍——把知识"渗透"进大脑。注意不是把知识硬"灌"进大脑，而是**让知识像海绵吸水一样渗进大脑中**。

"10倍速影像阅读法"（photoreading）是其中最具代表性的方法。把书当做照片来读，使吸收速度变快的方法在学习中十分有效。

教材与普通的书不同，书上有很多彩色插图，更具视觉冲击力。所以，10倍速影像阅读法能发挥很好的效果。

关于10倍速影像阅读法的具体操作方法，请大家去听听相关讲座了解一下。在这里，我只介绍一种"把教材倒过来读"的整理术。

我们读书时，一般先从文字部分开始读。而10倍速影像阅读法要求故意把书倒过来读。

把书倒过来，1秒钟翻一页，一般人会觉得"这样跟没读有什么区别"。然而，我们的大脑非常聪明，即便如此在大脑深处已经记住了许多知识。这么重复几次之后，你就会发现自己记住了很多内容。

运用这个方法的关键是不要强迫自己集中精神，你可以边听轻松的音乐边放松地看书。就像水流入干涸的身体一样，信息也会自然流入脑海中。可以称之为"**没有压力的输入法**"。

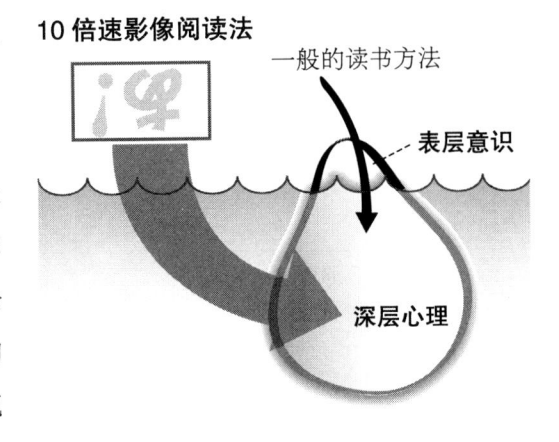

10 倍速影像阅读法

一般的读书方法

表层意识

深层心理

换句话说，这个方法不是先理解再记住知识，而是先把知识储存在记忆深处，然后再加以理解。它把"理解"和"记忆"的顺序颠倒了过来。一开始无需理解，输入起来自然轻松很多。

把教材倒过来，故意不加理解地让知识渗入大脑之中吧。

学习整理术 33

结合车站站名背诵知识

输入大脑的信息不能马上使用，因为把收藏在大脑深层的信息调出来并非易事。

怎么才能把信息调取出来呢？这就需要"整理"这个步骤。在这里我给大家介绍一个使用空间整理信息的方法。比如，结合上班路上经过的车站进行背诵。

在这里，我以山手线的站名为例，说明一下这个办法。一边回想山手线的站名，一边把想记住的内容与站名结合起来。结果如下表：

1 品川	16 驹进
2 大崎	17 田端
3 五反田	18 西日暮里
4 目黑	19 日暮里
5 惠比寿	20 莺谷
6 涩谷	21 上野
7 原宿	22 御徒町
8 代代木	23 秋叶原
9 新宿	24 神田
10 新大久保	25 东京

11 高田马场	26 有乐町
12 目白	27 新桥
13 池袋	28 浜松町
14 大塚	29 田町
15 巢鸭	

　　利用山手线，最多能把29个信息关联起来记忆。当然，除了山手线，你还可以利用自己经常乘坐的路线。重要的是，每个车站要有独特性。

　　比如，惠比寿、涩谷、原宿、代代木、新宿，每个地方的氛围完全不同。把每个车站特有的氛围与需要记住的信息逐一配对。把在色彩咨询中必须记住的色序系统（color order system）与站名配对整理，结果如下：

惠比寿——PCCS 表色系	四个字母并列与小时尚的街区氛围吻合。
涩谷——MUNSELL 表色系	在涩谷卖芒果。（sell）
原宿——OSTWALD 表色系	里原（原宿的地名）那些薄薄的玻璃橱窗，一按就裂[①]。
代代木——NCS 表色系	代代木电影学院简称 YAG，色系代码同样也是三个字母。
新宿——XYZ 表色系	商业街。商业用方程式考虑问题所以是 XYZ。

　　把不同场所的氛围与所要记住的信息结合起来，调动五感[②]进行记忆。有些人或许觉得这种办法很笨，但比起死记硬背浪费时间，就算是牵强附会能把该记的东西记住，又有何不可？

[①]　"一按就裂"在日语中的发音与 OSTWALD 一样。——译者
[②]　视觉、听觉、嗅觉、味觉和触觉。——译者

利用形象进行记忆，换句话说，就是给信息制作清楚的目录。信息被记录在大脑深层，提取不出来时就是我们所说的"忘记"。给信息贴上使其更容易被提取的"五感"标签，让记忆更容易为我们所用。

　　这和网络的结构很相似。在搜索引擎出现之前，我们没有办法高效访问呈几何倍数增长的网页。通过给信息编制索引和通过关键词进行检索，网络的使用变得越来越简单，记忆也一样。

　　顺便说一句，除了利用站名，我们还可以利用身体各部位的名称。从头到脸、脖子、肩膀、胸、手腕等，按顺序把信息与它们搭配起来。这样，本来杂乱无章的信息会变得整齐有序起来。为此，**最好是结合空间形象记忆信息。**[1]

---

[1] 记忆术是一门很深奥的学问，说起来可以写一本书。想要了解这方面知识的话，建议大家阅读《提升记忆力的方法》（这本书介绍了记忆术的原点"叙述"，以及古希腊、古罗马记忆术的发展过程，告诉人们记忆术原本是人类极具创造性的才能之一）。

学习整理术 34

尽可能忘掉已经记住的东西

大脑如同一个有洞的桶,"信息"之水从倒进去的瞬间就开始泄漏。用手堵住桶上的洞想要减少漏水量,却发现洞实在太多,根本无法阻止水漏出来。专职学习还好,如果还要同时兼顾公司的工作,难免严重"漏水"。

在"遗忘"方面,艾宾浩斯的研究最为有名。根据他的研究,刚过一小时,人们竟然已经遗忘了所学内容的54%。

想尽办法不去忘记会怎样?那样只会对拼命想要记住却不断忘却的自己心生厌恶,在工作中也不断为学习的事所困扰。"会不会因为工作把学过的内容忘了呢?"这种恐惧会使你在工作中无法集中精力,最终导致工作和学习都做不好。

为此,我们有必要进行逆向思维——**尽量积极地忘记已经记住的东西**,然后再记一次。我们要做的不是阻止水漏出去,而是**集中精力灌更多的水进去**。如果

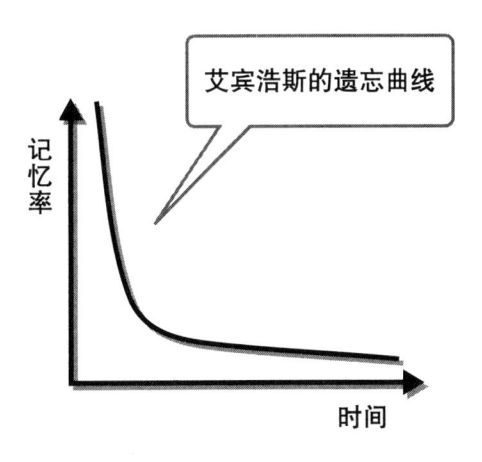

艾宾浩斯的遗忘曲线

记忆率

时间

能不停地往里灌水，漏点水又有什么关系呢？

　　这样的记忆方式符合大脑的构造。大脑把多次输入其中的信息定义为重要信息，比起我们记住就不想忘的内容，记了又忘忘了又记的内容，能停留在记忆中更长时间。所以，越重要的事情越要马上忘记，然后再反复多记几次。

　　据说一年内，身体组织在分子层面上彻底更新一次。如果什么都不吃，身体肯定垮掉。

　　知识也一样。如果不再输入新的信息，好不容易掌握的知识体系也将完全崩溃。我们需要不断"食用"新知识作为营养。

　　"忘了也没关系"，这样的想法最终将结出丰硕的学习成果。

学习整理术 35
对比各补习学校制定的标准答案

在论述题比较多的考试中，我们常常弄不清正确答案到底是什么。这时有一个学习方法很有效，那就是对比各补习学校针对过去的考试题制定的标准答案。我考大学时，这个方法发挥了很大的作用。

像语文试题的答案，往往是仁者见仁、智者见智。每个补习学校老师给出的标准答案也不尽相同。如果完全相信某个标准答案，很有可能大错特错。

为此，我们有必要对比不同补习学校给出的答案和解说，自己去找出答题的关键点，在此基础上，制定自己的标准答案。材料都在手边，写个标准答案不用花很长时间。从"理清思路"的意义来说，这个办法十分有效。

说到底，"答题"就是理解出题者意图，根据其意图写出答案的过程。考试就是理解出题者意图的过程，也就是**和出题者交流的过程**。即便是过去的考题，只要能够好好与出题者沟通，写出正确答案，那么考试当天应该也能"马到成功"。

在"交流"过程中千万不要自以为是，一定要仔细对比各个补习学校给出的标准答案。

学习整理术 36
考试时先做拿手题

考试当天，一定要从**有把握的题开始做**。如果运气不好，遇到没有学过的内容，就把这部分甩到最后做。

从会做的题开始做，做起题来自然得心应手。渐渐地就能适应考试氛围，找到考试的感觉，甩到后面的难题说不定也能顺利做出来。

这种答题过程和想点子很像。想点子的时候，很重要的一步是尽可能把想到的内容流畅地写出来。苦苦思索就会打断思维过程，想不出好点子。

这是因为说到底"点子"是由许多信息互相交织而成的。答题也一样，我们要通过尽可能流畅地输出信息，使知识顺利地被提取出来。所以，考试一定要从最有把握的题开始做。

学习整理术 37
一旦决心参加考试马上报名

用我介绍的这些方法学习的话，大部分的资格考试用 1～2 个月时间准备即可。有人在自己的博客上写"用一个月通过了中小企业咨询师考试"，他用的也是以输出型为主的学习方法。这个人用一个月时间通过了人们说最少要一年时间才能通过的考试。如果这是真的，那么他只**花了一般人十分之一的学习时间就通过了考试。**

如此说来，在考试前一两个月决定参加考试完全来得及。心动不如行动，下定决心的那一天就开始准备考试吧。最重要的是马上报名，这样一来就没有借口推脱了。考试时间是固定的，剩下的就是为了考试全力奋斗。

虽说只有一两个月，可人都有惰性，中途难免犯懒。起跑后最好进行冲刺。对于短时间内决胜负的比赛来说，结果几乎在起跑的瞬间就已决定。我建议从习题集着手开始复习，若是解题迟迟不见进展，不妨从看习题的答案开始准备，而且**尽可能以最快的速度进行。**

只要起跑成功，后面就没那么难了。习题集做过两三次之后也熟悉了，不用再花那么多时间。逐步地积累能让你感受到成就感，使学习本身变得不再那么痛苦。"如果能在这么短时间内通过考试，我太牛了！"这种想法也能激发你的自信心。

为了学习可能要牺牲许多东西，不过也就是一两个月的事。这么一想，这段时间也就没那么难熬啦。

学习整理术 38
选择难度适合自己的考试

有些资格考试根据难度分为三级、二级、一级。参加这种考试重要的是选择对自己而言难度适中的级别。太简单觉得没劲，太难又容易失去干劲。**在学习中很重要的一点是根据个人水平选择合适的难度。**

学校实施的集体教育存在一定缺陷，对于好学生来说，上课很无聊；对于差生而言，课上什么都听不懂，很痛苦。而且好学生有时也会突然遇到"啊，搞不懂"的难题。

遇到自己完全无法理解的内容时所产生的恐慌，对人的心理实在是很大的折磨。为了逃避这种恐惧感，最后往往只能安慰自己"实在理解不了，就算了吧"，进而放弃。

这完全不同于"了解了自己所不知道的新知识"时产生的兴奋感。之所以会这样是因为学生无权选择考试的难度。

成为社会人后，我们可以自主选择难度适合自己的考试。比如，要想成为注册会计师，可以先从通过簿记三级考试开始。我们可以选择难度适中的考试，通过考试获得自信，一步步往前走。

其中蕴藏着角色扮演游戏的乐趣。一开始就让你面对最后一关的大 boss，你也束手无策。准备一个让自己能够维持前进动力的故事，才有可能把"人生"这个游戏打通关。

把只需准备一两个月就能通过的比较简单的资格考试作为小任务，把需要花费一年甚至数年时间的资格考试当做大任务。以三年为一个单位制定你的人生计划吧。

学习整理术 39

复习时间不够时大胆"押宝"

有些考试，没有足够的准备时间，很难把考试内容都看一遍。这时就要采取大胆的策略——明知这部分内容有可能在考试中出现，也放弃不看，也就是人们常说的"押宝"。

越是认真的人，采用这种方法时越是担心。**短期作战，能通过考试已是万幸。**在短时间想要覆盖所有的考试内容，反而可能通不过考试。

采用这种方法，即便不及格，但浪费的时间少，受到的伤害也小。所以，**大胆押宝，即使失败了，比起准备很长时间还失败的人受到的打击也小。**

高考一旦失败，要浪费人生很重要的一年。然而，对于社会人而言，考试通常不具备那么大的影响力。大胆进攻吧！

不仅考试如此，夸张点说人生也如此。**需要守护的东西越多越不敢冒险，也越不容易获得成功。**

这和优秀的企业规模越大越不敢冒险，最终沦为平庸的企业一个道理。攻守兼备往往很难。

高考时我遇到过类似的情况。虽然应届考上了京都大学，但很难说我的学习能力也达到了相应的水平。特别是之前，我没有考上水平一般的私立大学，让周围的人感到很焦急。

可我自己一点也不担心。因为我当时一心只想考京都大学，把过去的入学考试题做了Ｎ遍，参考了三个出版社出的标准答案，为考试做了完全的准备。

考不上私立大学完全在情理之中，因为我根本毫无准备。考试当天拿到考卷，我才知道"原来考这些题型啊"。我把宝全都押在京都大学上了。

如果我已经复读过一年，恐怕不能这么坚定。正因为我是第一年参加高考，抱着"考不上复读一年也没什么"的想法才能考上。如果已经复读了一年，可能反而考不上吧。

抛弃执念，大胆坚持反而更容易获得成功。教人舍弃一切执著之念的佛教，其实是一种让人发挥高效思维的方法论。

学习整理术 40

大胆取舍，把精力用在刀刃上

设定明确的目标，如"及格线"，然后以"最短路径"通往目标。为此，你要放弃什么，集中精力干什么？这涉及生活整理术中的重要概念，也是经营策略中的关键词——**选择与集中**。

换言之，就是如何"放弃"的问题。以学习为例，意味着企业为了生存下去，有必要"押宝"。

"放弃"带来的最大好处就是能把有限的资源集中在一处。我这么说的根据是"帕累托法则"（又称"二比八法则"）以及"兰彻斯特法则"（通过集中产生最大的效果）。

帕累托法则指出 80% 的产出源自 20% 的投入。**根据这个法则，应该把资源都集中在这重要的 20% 上。**

关键是这 20% 怎么选。如果选择正确，可以避免资源浪费在剩下的 80% 上。

兰彻斯特法则本来是一种空战战略，指出如果一架战机能够攻击多架敌机，那么微小的兵力差将使战争结果产生很大不同。

比如，实力相当的 A、B 两军以 5:3 的兵力战斗。如果双方都单打独斗，5 减 3 等于 2，A 军最终剩余兵力为 2 架飞机。如果以每架飞机能以一敌多为前提，情况将完全改观。A、B 两军的兵力就变为

兰彻斯特法则"效率制胜的法则"

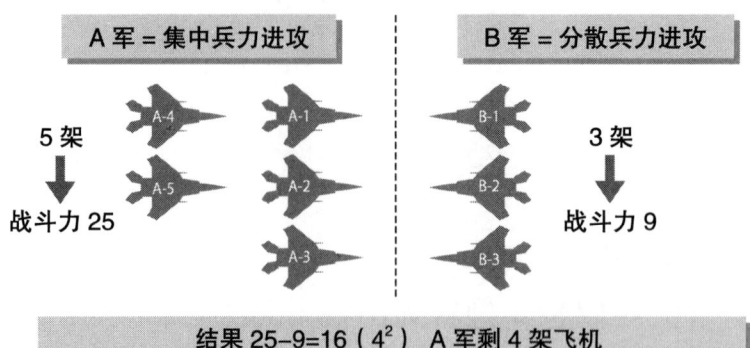

A军 = 集中兵力进攻　｜　B军 = 分散兵力进攻

5架 → 战斗力 25　　　3架 → 战斗力 9

结果 25-9=16（4^2）　A军剩 4 架飞机

假设一架飞机可以攻击多架敌机。A军5架飞机集中攻击3架敌机。另一方面，B军的3架飞机要对付5架敌机，战斗力被分散。结果，战斗力产生了平方差。

25:9。25减9等于16，A军歼灭B军后还剩下4架飞机，也就是说A军全歼B军只损失了1架飞机。

飞机总数只差2架，却造成了如此大的差别，再次说明了**集中战斗力的重要性。**[1]

社会人比起拥有大把时间的学生，在时间资源方面属于绝对的弱势群体。弱势群体采取普通的战术根本毫无胜算。为此，必须进行选择与集中。"学习"也需要进行战略性的思考。

---

[1] 数量在局部上占优势，能够给予对手毁灭性的打击。弱者想打败强者，只能选择局部作战。上文介绍过"学习整理术39：押宝"，这里的"押宝"也是局部作战的别名。

Chapter 4　习惯整理术

巧用妙招，让自己爱上学习

学习整理术 41

不依赖毅力学习

让学习变成一种习惯才能长久地坚持下去。然而，再没有比养成习惯更难的事了。"养成好习惯"往往是说起来简单做起来难。有些人以为自己已经养成学习习惯了，可稍一松懈就坚持不下去了。

本章的主题是"如何养成学习习惯"。简而言之，就是**不依赖毅力，导入促进自己不断学习的机制**。

没有比"毅力"更容易让人判断失误的东西。在冲刺的最后关头发挥"毅力"的作用能取得丰硕的成果，可是光凭毅力人类无法完成42.195公里的马拉松比赛。

想要凭毅力养成习惯，如同想光凭毅力完成马拉松一样。就像长跑有跑步方法和高海拔训练一样，长时间的学习需要的不是只能维持很短时间的"毅力"，而是**让人能够长时间持续的机制和方法**。

这一机制有两个要点。一是**找到动机**。每个人的动机不同。有人因为"不懂太丢人"的自尊心作祟而学习，有人因为"想要不断了解新知识"的好奇心而学习，还有人抱着"人生就应该如同一场修行"的苦行僧般的心态而学习。我们要做的是找到自己动机的核心，想办法激发自己的动力。

二是**让学习快乐起来的机制**。心理学上有一个叫做"功能可供性"

（affordance）的概念，简而言之就是"让人不由得想做某事"。比如，看见自行车筐里放着垃圾，不由得就想把垃圾扔进去；看见气垫上有气泡，不由得很想把它们捏破；登山途中看见大小合适的石头，不由得就很想坐上去。这些都是功能可供性导致的。因为车筐、气垫、石头为你的行为提供了条件。

也就是说，在你想做某件事之前，外部环境向你发出了"要不要试试做某事"的邀请。这在设计领域是一个十分重要的概念。一个实用、优秀的设计，必须具备"让人不由得想做某事"的功能可供性。

让人不由得想要坚持学习的机制，换句话说，也就是**促进人不断去学习的机制**。养成学习习惯的关键在于设计一个让人"不由得"想要学习的机制。

学习整理术 42
找准你的学习键

促使每个人学习的动力不同,在这里我把这个"动力"命名为"学习键"。

根据全脑模型进行分类,"学习键"可以分为以下几种:

(1)好奇心型:好奇心旺盛,因获得新知识而感到满心欢喜。

喜欢新知识,有创意,期待"学习以后能想出更多的创意"而学习的类型。

最大的障碍:学习容易半途而废。掌握"不知道的知识"时获得的惊喜与快乐是这类型人学习的动机。

学习键:对"可能产生新创意"的期待。一想到"新点子"就有学习的动力。在他人面前夸下海口也能让他们很有干劲。

(2)理论派型:一方面很高兴自己"又知道了一个真理",另一方面又觉得自己的知识还远远不够,从而不断学习。

这种类型的人很想理论研究者一样,常常为了了解事物的本质而进行学习。

学习障碍:"就算学习这个领域的知识也无法接近真理吧,这和真理没有什么关系吧"的疑问。

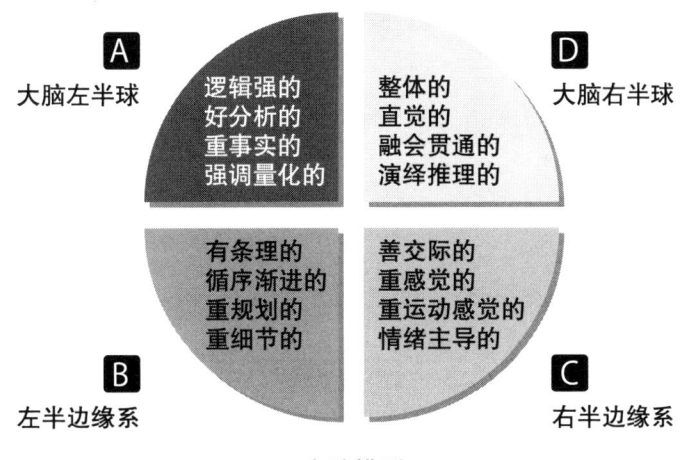

```
        A                    D
  大脑左半球              大脑右半球
       逻辑强的    整体的
       好分析的    直觉的
       重事实的    融会贯通的
       强调量化的  演绎推理的

       有条理的    善交际的
       循序渐进的  重感觉的
       重规划的    重运动感觉的
       重细节的    情绪主导的
        B                    C
  左半边缘系              右半边缘系

           全脑模型
```

全脑模型被用于把握人的思维模式，在这里被用作动机管理的框架。

动机：相信任何知识都与真理相关，并坚信自己正一步步接近真理。

学习键："真理"。意识到不同领域的学习是共通的。

（3）**满足他人期待型**：想和学习伙伴一起举杯庆祝！很高兴能够回应那个人的期待。

这类人很重感情，他们其实不擅长学习，可一旦受到他人的期待学习动机就会高涨。拥有学习伙伴对他们而言很重要。想想与伙伴一起学习，并在考试通过后举杯庆祝的场面吧。家人的支持对他们而言也是力量。

学习障碍：意志不够坚定，无法拒绝朋友一起去喝酒的邀请。这时一定要拿出勇气大胆 say no！

学习键："伙伴"与"家庭"。想象一下自己通过考试时身边人的笑脸吧。

（4）宅男宅女型：牢牢掌握必要的知识，还想进一步品尝登上山顶的喜悦。

踏踏实实学习的类型。牢牢掌握工作所必需的知识。察觉到自身有不足时会很担心。"不学习的话……"的义务感是他们学习的动力。

学习障碍：完美主义。就算通过了资格考试，也会因"忘记了某些知识"而在考试后进行复习。学习效率虽然不高，但因学习脚踏实地，能更快通过考试。

学习键：深信"这些知识一定要学"。拥有宅男宅女"知晓天下事"的求知欲。

这种类型划分并非绝对，有些人可能同时具备了几种类型的特点。弄清自己是哪种类型，并有针对性地设法提高、维持自己的学习动力。

学习整理术 43
找客卿师不要找家教

　　社会人在学习时要牺牲很多东西，比如，工作时间、和家人在一起的时间、花在自己兴趣上的时间。他们必须放弃之前理所当然的一些享受，用这些时间来学习。

　　即使恶魔诱惑你："有必要牺牲和家人在一起的时间进行学习吗？""集中精力工作！因为学习而怠慢工作简直是本末倒置"，你也要赶走邪念专心学习，而这并非易事。

　　这时我建议大家找个客卿师。大家可能听过"客卿"这个词。客卿师的任务是帮助被客卿者把实力100%发挥出来。"为什么学习？""学习会给自己带来什么样的变化？"客卿师通过弄清这些问题**帮助被客卿者发现并维持学习动力**。

　　谈论客卿师前，我想先谈谈家教。上大学时，我做过家教，发现一个称职家教的工作是"授之以渔"，而不是"授之以鱼"。也就是说，一个好家教教给学生的不是答案，而是学习方法。

　　家教的作用在于通过和被辅导对象一起学习，帮助他掌握学习方法。

　　然而，社会人都有一套自己的学习方法。比如，读某本书时，会自发地想"用这种方法试试吧"。如果你能够做到这点，就不需要像学生时代那样请家教啦。

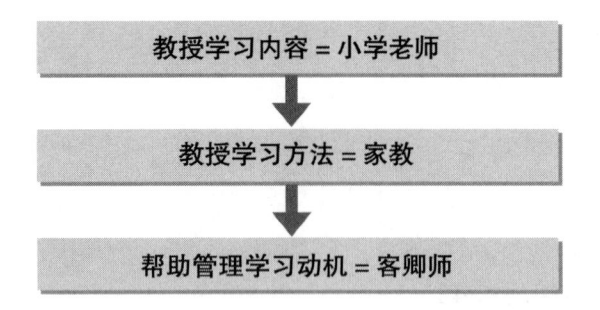

```
教授学习内容 = 小学老师
        ↓
教授学习方法 = 家教
        ↓
帮助管理学习动机 = 客卿师
```

所以，**要实现从家教到客卿师，从方法到动机的转变。**

那么，客卿师实际能做些什么呢？客卿师有很多做法，在这里我介绍其中一种。

首先，弄清被客卿者为什么要学习，他的"坚持"、"信念"从何而来。很多被客卿者会发现"必须学习"的"信念"是他人强加给他的，并非自己的真实意愿。这时，要做的是脱离"坚信"的框架进行思考。这话说起来简单，一个人却往往很难做到，需要在客卿师的帮助下来完成。

在此基础上，被客卿者做出了"我还是想学习这个"的选择。接下来，客卿师和被客卿者一起探讨隐藏在这个选择后面的价值观。就像刚才在自我学习键中说过的一样，关键是他的动机是什么。光凭一己之力很难发现自己的动机，而在客卿师的帮助下，我们**往往能清楚地看到这一点**。

最后，制定学习计划。在计划实施过程中客卿师也起着很大的作用。有些事自己一个人做常常会越来越懒，和客卿师一起制定计划时，不知为什么就能付诸实施。给自己找一个客卿师，让自己踏踏实实、持续学习下去吧。

家教→客卿师。只要一个人掌握了学习方法，那么把钱花在能够维持学习的"动机"上比花在"学习方法"上更见成效。

学习整理术 44

寻找学习伙伴，避免半途而废

有一群拥有共同目标的学习伙伴——没有什么比这更让人心里踏实的了。踏入社会还想学习的人都是非常积极且干劲十足的。

身边有这样一群人，你会觉得勇气倍增。**大家互相促进能实现更高的目标。**当你觉得累了烦了，不用一个人死扛。中途想要放弃的时候，也会得到来自伙伴的鼓励。

推荐大家使用第一章工具整理术中介绍过的"用 Facebook 与学习伙伴沟通"。通过在 Facebook 上的交流，你会觉得"我不是一个人在学习"。尤其是在参加需要长期准备的资格考试时，这能帮助你稳定情绪。

学习其实是扩展人脉的绝佳机会。关于这一点，我将在"学习整理术 84：如何通过学习拓展人脉"中进行介绍。没有利益瓜葛的好朋友，常常是通过学习认识的。

学习整理术 45

在微博上汇报学习进展

学习有所进展后，不妨向大家汇报自己的学习进展。推荐大家使用微博。

微博与Facebook不同，可以任意浏览他人的发言，除非你设定了"不公开微博"，否则任何人都可以自由留言。也就是说，微博比Facebook面对更多的受众。

在微博上宣言，某种意义上就是向全世界宣言，这能给自己带来积极的压力。

第一，先说说自己在学些什么。从"最近在学习簿记"这样的汇报开始。随后，把一周学习了多长时间、做了多少习题写出来。通过这样的宣言，可以给自己施加压力。

如果可能的话，为了确实执行学习计划，最好约定"不做的事情"、"放弃的事情"，也就是在《整理的艺术2：时间是整理出来的》中介绍过的 Not to do list。

比如，以往一周跟朋友出去玩三次，今后改为一次。

这种"约定"，只一个人在心中喃喃自语的话很难坚持下去。**索性公开，强制执行力就会大大提高。**一旦你违反约定，身边的人就会开始吐槽："咦，你不是说暂时不出去玩了吗？""你不是在博客上写了'每次只喝一杯酒'吗?"

接下来,把每天的学习时间、学习内容写到微博上。微博是一个实时工具,坚持发布自己的学习状况吧。比如,开始学习的时候写上"开始学习啦",结束的时候写上"终于结束啦"。

我们在自己回顾学习过程的时候,可以根据进展制定下一步的学习计划,**因此而产生的"反馈效果"值得期待。**

学习整理术 46
用超级美味的甜品来奖励自己

每个人都希望被人表扬，没有人会因为被人表扬了而觉得心情不好。可是，一旦成年，我们获得的常常是他人的"忠告"，而极少获得表扬。这时候最好的办法是"自我表扬"。

我喜欢吃甜食，学习有所进步时，我总是奖励自己一份好吃的甜品。这是我对自己的犒赏。合上厚厚的教材，换个心情，点份甜品。甜品吃进嘴里，甘甜在口腔中扩散，这一刻什么学习的疲劳都被抛到了九霄云外。**这小小的犒赏，也将成为学习的动机。**

养成这样的习惯后，我把"去学习"改成了"去吃甜品"。下班后累得半死却不得不学习的时候，"去学习"还是"去吃甜品"大大左右着人的心情。

当然，在吃甜品前必须先学习。不过**"学习"之后是否有"奖赏"大大影响着学习动机。**顺便说一句，我觉得与人类原始的饮食欲望相关的奖赏比金钱更有效果。

总之，我们需要自我表扬。这并不是什么难事，**却因基于人类"希望被表扬"的原始需求而有着惊人的效果。**

学习整理术 47
切断电源,把游戏机收起来

高考前,有很多人把英文单词贴在厕所里。与其说这样能记住单词,不如说每次上厕所都能加强"我要学习"的想法。

迈入社会后,光是把教材放在桌上,也能让自己有一种紧张感。想到学习这件事时就能拿起教材。这不仅使你处于随时能够学习的状态,而且使你在想到学习时精神振奋。

对于"不想做的事情",重要的是提高做这件事的"门槛"。

比如,总是忍不住想玩游戏的人,不妨把游戏机的电源拔掉,或把游戏机的电量耗光不充电,然后把游戏机收到纸箱里。这样一来,很多人会想:"玩个游戏还得特地把游戏机从纸箱里取出来,把手伸到电视后面插上电源线,不玩也罢。"

即便是很低的"门槛",在使人打消兴趣方面往往能发挥惊人的效果,还能使人坚定"我不干……事"的决心。

学习整理术 48
为五年后的自己命名

有些人不管怎么努力也无法养成学习的习惯。和这样的人聊过之后，我发现其中许多人目标很不明确，根本没有想过学习能给自己带来什么。

这种时候，不妨停下来问问自己"真的有必要学这个东西吗？"或许你会越发意志消沉，最终发现自己不过是为了一种责任感在学习。打个比方，你不过是因为必须砌砖头才不断往上砌，却从未考虑过最重要的事——到底想盖一个什么样的房子。

倘若遇到这样的情况，试着想象一下自己五年后的样子吧。当然，必须以通过某些资格考试、完成某些学习内容为前提。尽量具体地想象，比如想象一下通过考试时自己兴奋的心情，获得某种资格证书时周围人艳羡的眼神，工作上的变化等等。某一瞬间，你会突然感慨——原来如此！原来我现在砌砖是为了建造一个这样的房子啊！

接下来，**给那个时候的自己取个名字**，以便能随时想象成功的画面。对我来说，在前方等待我的是"设计师"这个关键词。

前面也说过，我着手研究生活整理术是为了设计生活方式。把生活整理术的适用范围往外扩展，最终将融入"设计"这个主题。我之所以从事客卿师的工作，也是因为有了"设计生活方式"这个大前提。

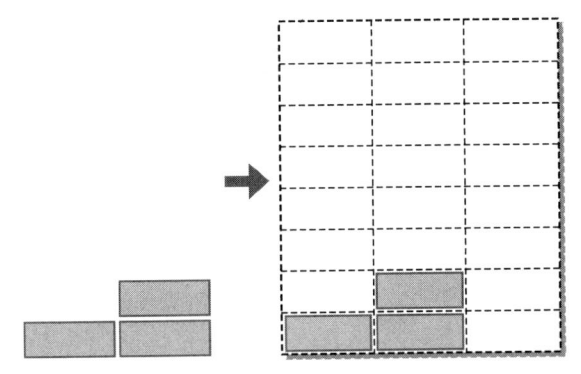

有了对未来的整体规划，每一瞬间的学习就变得十分有意义。就像玩拼图一样，每拼一片整幅拼图就清晰一些。随着学习，自己的未来也会变得日益清晰起来。

经验、体验、人生、生活方式，怎么样去设计这些肉眼看不见的内容呢？现在就算我自称"设计师"，也只会引来一阵嘲笑。为了五年后能够担得起"设计师"这个称呼，我计划不断累积相关工作经验，掌握相应技能。这就是我对未来的规划。

为此将发生什么事？比如，我越来越感到参加色彩咨询师考试，学习与颜色相关的知识对现在的我来说十分重要。色彩知识本身可能只是一块"小砖头"，重要的是五年后通过"小砖头"建造起来的"大房子"。

为了养成"砌砖头"的好习惯，一定要想清楚理想中的"家"是什么样，并为这个家命名。这件事做起来并不难。每想象一次五年后的情景就能给你加油充电，让你干劲十足。

学习整理术 49

学习最前沿的知识

每个领域都有研究前沿。既然开始学习新领域的知识了，**就一定要学习最前沿的知识。**

即使是初学者，只要掌握了一定量的专业词汇，应该也能够理解前沿研究。那种"哇，我站在学科最前沿"的心情别提有多好了。

如果这能让你产生"真有意思"的心情，那么，恭喜你！这往往是迈入某一领域大门的第一步。在继续学习基础知识的前提下，不妨根据自己的兴趣，购买专业研究书籍、订阅专业杂志。

我个人第一次体会到这种"真有意思"的心情，是在看NHK拍摄的名为《地球旅行记》的电视节目时。那时我上小学六年级，相当沉迷于这个节目，还去听过某个大学讲授以这个节目为主题的演讲。

当然，演讲的内容对一个六年级学生来说还太难，但我至今还记得当时那种激动、雀跃的心情。内心深处的自豪感源于"我虽然是一个小孩子，却想弄懂一些很难的东西"的想法。

学习中小企业咨询师的知识时，我开始阅读教材上介绍的古典经营类书籍。这些内容对于考试而言可能没有用，然而通过这种阅读，我提高了学习动力。

因为这些书让我知道，为了使"经营学"成为一门独立学科，多少人为之进行了努力。这使我不禁产生了对先人的敬意以及对所学内容的喜爱。在经营学方面，我特别喜欢彼得·德鲁克的书。

这种"不务正业"的学法，比仅仅为了"通过考试"而学习，更能激发人的学习欲望。学习效率当然很重要，更重要的是保持让自己不断学习下去的动机。最好的办法就是**接触前沿研究、回顾研究历史，以此激发自己的好学之心。**

学习整理术 50
战胜昨天的自己

想象五年后的自己，接触最前沿的研究，学习却仍迟迟没有进步，你可能会开始感到厌倦。这时，不妨想想是不是"战胜了昨天的自己"。

我学习弹吉他已经有两年了。刚开始学的时候，我对总也弹不好的自己感到厌恶。听 CD，人家的吉他独奏如行云流水；去听演唱会，演奏者的吉他技巧高超无比。与他们想比，自己弹的实在太差了！

虽说如此，我之所以能够坚持学吉他，是因为我体会到"今天比昨天又有了一点进步"。虽然还很不理想，可手指变得比昨天灵活了一点。正因为有了这样小小的成就感，我才能够坚持下来。

在考试整理术中曾经介绍过"重复做习题集"的方法。维持学习动力的秘诀就在于"在重复做题的过程中，今天的正确率比昨天高了"。以输出为主的学习方法之所以能奏效，是因为通过输出效果的变化能够感受到自身的进步。

学习整理术 51
"可视化"学习法

最近，我开始随身携带计步器测量每天的运动量。没想到，这么做竟然很有效果。运动量"可视化"以后，心里很自然产生了"要加大运动量"的想法。

比如，将每天的目标设定为走 8000 步，结果在回家的电车上发现今天只走了 7000 步，就会产生"在离家还有一站的地方下车，走路回家，完成 8000 步的目标"的想法。如果没计步器，在结束一天工作什么都不干就已经累得半死的时候，我绝不会这么想。

学习也一样。使学习量"可视化"非常重要。设定每天想要完成的学习目标，在一天结束时回顾一下是否完成了这个目标，能很好地促进学习。

以我为例，我计划每天要听 2 个小时英语，其中包括边听英语边做其他事情的时间（在第六章《语言学习整理术》中也曾提及，我的目标是每年听 500 小时英语）。为了达成目标，如果还剩一小时听英语的时间，我就看一集欧美电视剧；如果哪天一点都没听，我就看一部英文电影。

有些科目，在学习过程中能够感受到自己的成长，那么"成长"本身就会成为一种动力。可像运动、英语这样的科目，很难在学习过程中感受到自己是否进步了，那么对练习过程加以"称赞"就变得重要起来。培养孩子也是如此。

老话常说"孩子要表扬"，可如果表扬的方式不对，也会带来负面影响。比如，有些孩子在成长过程中总是因考试成绩而获得表扬，这样的孩子很容易变得只参加能够取得好成绩的简单考试。因为他们知道，自己挑战有难度的考试而成绩不理想的话，就会失去成年人的表扬。

相反，不是因为考试成绩，而是因为学习过程而受到表扬的孩子，则会主动去挑战那些有难度的考试。他们知道比起是否答对了题，父母更看重的是他们锲而不舍地与难题奋斗的过程。慢慢地，这样的孩子变得不再畏惧难题。

一方面要像"学习整理术 50：介绍过的那样"战胜昨天的自己"。另一方面，对那些与昨天相比很难看出自己是否有进步的学习内容，重要的是使学习量"可视化"，促使自己在学习过程中进行自我表扬。

学习整理术 52
通过学习获得"顿悟体验"

坚持学习，自然会获得进步，进入一个新的阶段。不用时时提醒自己"学习"，自然也会想学习。慢慢还会变得不学习就浑身不舒服。

不可思议的是，一旦进入这种状态就会不断发现自己想学习的新内容，形象一点可以称之为"学习中毒"状态。这种状态并非逐步出现，而是在某一瞬间猛然出现，如同练跆拳道的人，某一瞬间突然实力大增，腰带换了一个颜色。

以看书为例可能更好理解。一旦养成看书的习惯，哪天不看书反而觉得不踏实。想看的书越来越多，看起自己喜欢的作家的书来废寝忘食。学习中毒与看书中毒的情况基本相同。

学习与看书的乐趣都在于发现未知时产生的喜悦之情。用当下流行的话来说就是"顿悟体验"——突然从杂乱无章的图中发现了一幅画时大脑产生的快感，用漫画来表示就是小灯泡"啪"一声点亮了的感觉。这时，大脑会释放出肾上腺素。

到某个阶段为止，我们所学到的知识不过是些毫无意义的点与线。学习者处于不知道为什么要学习这些知识的状态。这种时候，不要担心，"顿悟体验"肯定在前方等着你。坚持学习下去，自然会顿悟到自己学的到底是什么。因为大脑是在快感的推动下学习的。

不同领域的知识之间有着千丝万缕的联系，就像某部小说中的主人公以配角的身份出现在另一部小说中，推动情节发展。比如说，手冢治虫漫画中的茶水博士以不同的形象出现在别的漫画中，发挥别的作用。这样的发现能激发大脑的快感。

再进一步思考，就会触及这个时代所特有的共同主题——"复杂系统"概念。这是因为大部分人感兴趣的是横贯科学、哲学、经济学等学科的，类似"画中画"的东西。

生活整理术之所以流行起来，与工作日益复杂不无关系。为了应对日益繁杂的工作，要求人们具备"简单、迅速完成工作"的能力。一旦意识到这一点，**学习速度也会越来越快，就像机器刚换了新齿轮一样。**

学习整理术 53

巧用妙招，让自己爱上学习

自己喜欢的东西，不用别人催也会主动去学。掌握大量的相关知识，对于他们来说不仅不痛苦，还是一种乐趣。你或许会想"我要是也能这样学习就好了"，可遗憾的是，我们往往很难做到这一点。

那么，你可曾想过人们为什么要把学习分为"自发的兴趣"与"强制学习"两大类呢？关键问题在于人类让机器人等进行学习时所用的两种学习方式——**"强化学习"与"教师指导学习"**。

"强化学习"是指一旦输出某些知识就会受到来自外在环境的奖励。为了得到更多的奖励，学习速度也会越来越快。

"教师指导学习"则是指一开始就准备好正确答案的学习方式。把机器人输出的内容与正确答案进行比较，力求越来越接近正确答案。这种学习方式一开始就有正确答案为前提。

兴趣在强化学习中能够发挥作用。记住某些内容就会获得周围人"太棒了"之类的表扬。表扬成为一种奖励，使被表扬者学习越来越好。被表扬者由此获得了自信，激发了他继续学习下去的欲望。

在这样的过程中，"学习的知识"本身变成了一种奖励。"原来如此！"每当产生这样领悟，大脑便释放出肾上腺素。**学习欲望与奖励之间逐渐形成一种积极、良性的互动**。这就是强化学习的优势所在。

	教师指导学习	强化学习
答案	有	无
奖励	零用钱等外部奖励	"学习"本身就是奖励
促进学习的办法	强制或半强制的办法	自己主动学习
兴奋感	无	压制性的
新发现	无	向荒野迈进，发现荒野

在其中起作用的是基于"想知道更多"的好奇心而形成动机，我们称之为"**内在的动机**"。

另一方面，学校教育则是一种"教师指导学习"。这种学习方法不会让人产生像强化学习那样的兴奋感。所有的习题都有正确答案，学生需要做的只是"做题，然后确认自己的答案是否正确"。**这样的过程不能让人产生激动、期待的感觉。**

在教师指导学习中，要想让学习者产生成就感，必须施以某种奖励。比如说，要想让孩子学习，就告诉他"如果成绩有进步，就多给你零用钱"，以此来提高孩子的学习积极性。因此而产生的动机被称为"**外在的动机**"。

强化学习与教师指导学习还有更大的不同，那就是在教师指导学习中，以"知道正确答案"为前提；而在强化学习中，即使没有正确答案，学习者也能学习下去。

众所周知，商界是一个没有正确答案的世界。在这样的世界里教师指导学习是行不通的。强化学习，换句话说，也可以称之为"**大胆向人类未知的荒野迈进**"的学习方式。

新人进公司时我常常看见这样的场景。新人问上司"我应该怎么做?"上司怒吼:"这种事自己不会想啊!还问我!"新人们并没有恶意。进入社会前,他们接受的一直是教师指导教育,难怪他们认为"没有正确答案就无法工作"。

但是,以这种态度工作下去,很快就会感到行不通。一种情况是因无法获得正确答案而坐立不安,另一种则是在教师教导学习中缺乏奖励,因而不断寻求外在动机。

只有不主动学习的员工,才会执著于工资,因很小的工资差别而换工作。这样的人怎么会有前途?他们身上没有强化学习者那种勇于"向荒野迈进"的决心。

在客卿中,客卿师要和被客卿者一起弄清其价值观,看他想要干什么。**这是"自我学习键",是我们进入强化学习的积极上升通道的关键。**

在本书中最关键的就是从自己的价值观出发进行强化学习。换句话说,关键词就是"喜爱与固定",这样的学习,通过使人产生"喜爱"之情而使知识"固定"。希望大家能够重新把学习定位为这样一种充满感情的行为。

Chapter 5　环境整理术

改善身体状况与周边环境

学习整理术 54

θ 波的功能

有些人虽然很有才能又掌握了很好的学习方法，却因为环境的影响而无法集中精力学习。反过来，只要有一个合适的环境，无关能力、学习方法，任何人都可以专心致志地学习。

也就是说，能否集中精力学习其实与你无关，与你周围的环境有关。如果想要认真学习，那么就必须创造一个适于学习的环境。我把这个问题称为**"学习的环境问题"**。

在这里，我们不讨论噪音等阻碍人集中注意力的消极环境因素，重点探讨一下哪些积极因素能够使大脑的活动更加活跃。

关键词是名为"**θ 波**"的脑电波。通过观察脑电波，我们能够知道人类的大脑在什么样的环境下最能发挥作用。

θ 波是大脑收集信息时发出的脑电波。在用老鼠进行的实验中，实验人员发现把老鼠放进陌生的笼子里，它的大脑会发出许多 θ 波。这说明，大脑为了了解陌生的环境，正在努力收集信息。

θ 波以一定的频率发射几次后，会在某一瞬间集中发射。据研究，这是大脑以一定的频率收集信息之后，开始集中整理收集到的信息。

其中最关键的是"陌生的环境"这一因素。被扔到一个完全陌生的环境中，对生物而言意味着生命安全可能受到威胁。不尽早收集信息找到一个安全的地方，可能被敌人猎杀。也就是说，此时动物处于"紧急状态"，危机感使得大脑发射出 θ 波，并开始收集信息。

把 θ 波应用在学习中，会产生什么样的效果呢？比如说，人类初到一个陌生的地方时，大脑也会发射出 θ 波。这种情况下，大脑进入了信息收集模式。如果能够保持这种模式进行学习，大脑自然会吸收相关知识。也就是说，**把自己扔到一个"陌生的地方"是进行学习的关键**。

那么，就让我们以 θ 波为线索，来看看如何创造学习环境。

学习整理术 55
晚上散步时练习听力

到陌生的地方去，大脑会发射出 θ 波。话虽如此，可在日常生活中想要到一个完全陌生的地方去并非易事。利用一个简单的办法，就能在自己周围创造出一个"陌生的环境"，那就是"走夜路法"。

与白天不同，晚上马路上人少，让人觉得有点危险又有点刺激。同样的地方，白天和晚上的景色完全不同。白天看起来舒适、和平的街景，到了夜晚突然变得怪异起来。夜晚的马路正是一个让人产生紧张感的"陌生"的好地方。

我在去国外学习 MBA 课程前，常常走夜路学习。戴上 iPod，走上一小时练习英语听力。

这时精神比白天更加集中，而且夜里很安静，没什么噪音，学起东西来更快。

我把这个方法称为"θ 波轻松耳朵学习法"——升级版的"轻松耳朵学习法"。根据我的经验，用这个办法练习英语听力效果绝佳。

关于学习英语的方法，我将在第六章《语言整理术》中详细介绍，在这里只谈谈危机感带来的学习速度的加快。人们常说"住在当地学习语言是最快的"，这也与 θ 波有关。

以被扔到语言不通的环境中的**危机感为契机，大脑开始拼命学习**

语言。有时真的身处生命受到威胁的环境中，不管你愿不愿意都要学习当地的语言。

反过来，人在国外却在安全的环境中悠闲度日，这样的人语言上很难有进步。专程到国外去留学，却处在周围全是日本人的环境中的人，语言进步很慢。这是因为他缺乏"不学会英语就……"的危机感。

善加利用，夜晚的道路能成为最好的学习地。这种想法的转换正是整理术的乐趣所在。

如果说"危机感"是关键，那么没必要一定到国外去留学。夜路就是近在咫尺的"外国"。

换个时间段就能把身边的环境变成促进学习的特殊环境。方法虽然很简单，却因与"回避生命危险"这一人类的原始欲望相连而有着绝佳的效果。这一连串环境整理术，换句话说，是把"学习时只动脑"转变为"调动身体所有的感官进行学习"。

学习整理术 56
把咖啡厅当成书房

如果说能够让大脑释放出 θ 波的危机感很重要,那也就是说安全的环境不适合学习。比如,自家书房从这个意义上来说就十分不适合学习。

我想很多人都有这样的经验——在自己房间里学习,不知什么时候就躺到床上去了。这完全是环境造成的。

如果在家里很难专心学习,那要去哪儿学呢?**我强烈推荐一个地方——咖啡厅。**

高考前,我常到车站前的 Mr. Doughnut 去学习。边喝咖啡,边学习到最后一班电车出站。到了某个时间,在家通常会打盹犯困,可因为在公共场合就能维持一定的紧张感学习下去。车站来来往往的人很多,有些人可能会觉得"很吵"。其实,**陌生人进进出出的紧张感反而有利于诱发 θ 波。**

不过,长期在同一家咖啡厅学习也不好。因为当人习惯了某个环境之后,就会失去那种紧张感。当你觉得自己在某家店已经不能集中精神时,最好换一家店。

对我而言,咖啡厅分为几类。

一种是快餐店、连锁咖啡厅。我最常去的是吸烟区和非吸烟区完全分离的 Mos burger。还经常去 CAF de CRIE，那里的装修十分明亮，我很喜欢。

另一种是氛围很好，让人能够安静下来的咖啡厅，比如，涩谷的"羽当"。不过，这里很受欢迎，我尽量选择周末上午人不太多的时候去。

我还常去家庭餐馆。在咖啡厅精神无法集中时，我就到家庭餐馆去，换个心情。现在饮料品种丰富的家庭餐馆越来越多，更令人高兴的是很多店都增加了花草茶。

在后面我还会谈到，有些饮料对学习有帮助，有些则相反。[1]

顺便说一句，"紧张感"绝不是指"焦虑"。θ波是人类在睡前常发出的脑电波，也就是说当时大脑处于冷静状态。这种状态绝不是因焦虑而产生的兴奋状态，我们或许可以称之为"豁出去了"的状态。

充分利用 θ 波的"咖啡厅学习法"的关键——**把自己扔到一个充满紧张感的环境中，豁出去学习。**

---

[1] 详细内容请参见"学习整理术 60：有助于提高学习效率的花草茶"。

学习整理术 57
租自习室学习

从维持紧张感这一点来说，**和其他拼命学习的人一起学习也是一个好办法。**

你知道有一项被称为"自习室"的服务吗？即以时间为单位出租学习座位的服务。

本来这是一项为参加司法考试、公务员考试的人提供的服务。走入其中，你会发现空气中弥漫着一股紧张感。比起漫画咖啡厅、自习室提供的桌椅更能让人专心学习。最重要的是，放眼四周都是一些认真学习的人，在这样的氛围中，你的注意力自然会集中到学习上。

这或许与人类大脑中的镜像神经元有关。"镜像神经元"是指大脑中的一种神经元，"看到别人在干什么，就好像自己也在干同样的事情一样"。

比如说，看见别人在吃好吃的东西，好像自己也在吃一样。看见电视节目上，有人在吃看上去很美味的菜肴，自己也会变得很想吃，也是镜像神经元的"功劳"。

学习也一样，看见周围的人都在认真学习，镜像神经元也会在无意识中开始认真学习。**如果想认真学习，很重要的一点就是和认真学习的人待在一起。**

自习室分为时租和月租两种。时租的话每次座位不同。月租的优点是座位固定，不管什么时候来都能有座位，还可以把书之类的东西放在那儿。在 Google 上输入关键词"自习室"，就能搜索到各地介绍自习室的网页。大家不妨找找自己家附近或单位附近的自习室在哪儿。

氛围很好的咖啡厅。边看东京铁塔的夜景边学习，心情舒适。这里的灯光也很适合学习，如同"学习整理术 62：调暗房间的灯光"中介绍的一样是一个适合学习的环境。

虽然不是自习室，我自己常去位于六本木 hills 内的会员制图书馆 Academic hills 六本木图书馆。这里的开馆时间为 7 点～24 点，大大方便了工作繁忙的人。

还有就是露天咖啡厅，与不能窃窃私语的自习室不同，在这里可以边聊天边吃东西，放松地学习，**是一个可以让人既紧张又放松，专心学习的好地方。**

这个六本木图书馆还有一个优点，那就是窗前的景致绝佳。从这里远眺 49 层高、闪耀着橙色光芒的东京铁塔，能瞬间让人从学习的烦闷中解放出来。

学习整理术 58
利用集训集中精力学习

说起让人产生紧张感的陌生环境莫过于旅途的目的地。在旅途中学习，会有很大的进步。高考前，我参加了学校组织的"学习集训"，在充满紧张感的环境中，学习效率非常高。去之前，我还想"在学校学习不就行了吗？何必特地组织什么集训……"去过之后我彻底改变了自己的想法。

大四的时候我参加过同样的活动。那时，我还有很多论文没写，连毕业论文在内还有 200 张 A4 纸那么长的作业，写不完就毕不了业。危急时刻，为了从兼职等一大堆杂事中抽身，我参加了社团组织的滑雪之旅。

当同伴们都去滑雪的时候，我一个人躲在屋里写论文，写不下去的时候，就到雪景中散步。

突然，脑海中闪过"啊，可以这么写"的灵感。行走在陌生环境中产生的紧张感加速了大脑的运转。有些小说家要离开家，把自己关在旅馆里进行创作，或许也是出于同样的原因。

成为社会人之后，还是可以进行这样的"集训"。利用周六日去旅行，在旅行目的地专心学习，这样也不妨碍工作。在这里，我还想提一个更进一步的建议。

那就是"**到国外去**"。把上大学时因为经济原因很难实现的海外之旅当做学习集训。

选择某一领域中被视为"圣城"的地方作为目的地。比如，学习与IT相关的知识就去硅谷，学习金融方面的知识就去伦敦或纽约。

这个办法的优点不仅在于陌生的环境能够刺激大脑释放θ波。还有一点是日本的手机在国外用不了。没有了来自日本的联络，可以暂时从所有琐事中抽身出来。更重要的是，来到"圣城"的兴奋能够提高你的学习动力。

此时，我脑海中浮现出了位于纽约East village的星巴克。很多美国学生在这里闲聊，就我一个人在学习。或许是因为情绪高昂，我很快进入了学习状态中。或许因为听不懂周围人说些什么，反而可以集中精力思考。

顺便说一句，我在上海泰康路上的咖啡厅"Café MOJO"里写的这篇文章。泰康路被称为上海的SOHO，道路错综复杂，我差点迷了路。好不容易才找到这家咖啡厅后，我打开电脑，写起文章来。

我参加的是特价旅游，住的宾馆也很差。不过，能够随心所欲支配自己的时间，让我觉得旅游本身也变得充实起来。学习内容和旅途中的记忆一起被输入大脑，**枯燥无味的知识也因为丰富的感情而变得容易记起来。**

学习整理术 59

通过香味控制注意力

我一直在思考什么样的环境才能让人集中精神,最后得出了"寺庙"这个答案。

寺庙是人们为了"悟道",集中精神修行的地方,其环境自然让人容易集中精神。实际上,每次到寺庙去,我都会肃然起敬,专心祈祷。

与日常生活环境相比,寺庙的环境有三个特点:

(1)香味(线香等的味道);

(2)灯光(有些昏暗的灯光);

(3)声音(念经、敲木鱼等有节奏的声音)。

这些都是我们在日常生活中很少能接触到的东西。办公室之类的地方可能还要尽量避免这些因素出现。不过我认为集中注意力的关键恰恰隐藏在其中。

首先来看看香味。模仿寺庙的环境,让房间充满线香的味道。

不过,线香的味道无法让人情绪高涨。这时,我们可以用芳香疗法来取代线香。

比如,进入学习状态时,燃烧柠檬草等柑橘系的精油,使精神舒畅。完成学习任务,想要好好睡一觉时,换成薰衣草精油。

（左）心静自然凉舒压凝胶（Peace of Mind）
（右）棒状精油

通过精油不仅能够改变房间的环境，还能够改变自己的心情。

如果不喜欢房间里都是香味，可以直接把精油涂在身上。棒状的精油便于携带。"NRAL'S YARD REMEDIES"公司旗下的 Aroma Pulse 系列中就有一款名为"STUDY"的精油。

注意力无法集中时，只要在手腕上轻轻涂一点精油就能改变情绪，实在太神奇了！

著有《成长法则——邂逅完美自我的三部曲》等书的小田真嘉先生给我推荐了悦木之源的心静自然凉舒压凝胶（Peace of Mind）。只要把这款带有薄荷香味的产品涂在脖子或耳后，就会感觉精神为之一振。这款产品最合适用来赶跑"瞌睡虫"。

学习整理术 60
有助于提高学习效率的花草茶

提到香味，大家不妨也关注一下饮料。相信很多人都有过这样的经验：喝一杯香喷喷的咖啡或红茶，情绪很快平静了下来。在这里，我想主要谈谈花草茶的作用。

花草茶的优点在于不同的花草有不同的功效。和精油一样，大家不妨多试试，**根据不同的需求，如提神、安眠，寻找适合自己的花草茶。**

想要提神时，建议大家不妨试试柑橘系的柠檬草。柠檬草有很好的提神醒脑效果，喝完会感觉整个人清醒了。此外，薄荷茶的提神效果也很好，可惜我不太喝得惯。

花草茶不仅可以用来提神，还有很多其他功效。因工作受挫而情绪低落、因学习而兴奋得睡不着时，可以喝点洋甘菊茶，镇静精神。觉得累的时候，可以喝点营养价值高，被称为"可以喝的蔬菜"的玛黛茶。通过饮用不同的

Royal hotel 提供的饮料。

花草茶，还可以调整人的身体状况。

　　Enherb 是一家专卖花草茶的店，可以根据每个人的需求调制不同功效的花草茶。学习累了的时候，边看店员调制花草茶边喝，不啻为一种享受。最近，很多家庭餐馆也开始提供花草茶。对喜欢花草茶的人而言，真是一件好事。

　　一旦你能够**通过花草茶来控制自己的情绪**，那么就算到了外国那样完全陌生的环境，也能**靠一杯茶让自己做回平时的自己**。去国外出差时，带上自己的"爱茶"同行吧。

学习整理术 61

饭吃八分饱，节食半天

"吃饭"在短期决战中占据重要位置。就像我在本章开头介绍过的，在生命受到威胁时，大脑会释放出 θ 波，提高学习效率。

空腹状态是最能让人感受到生存危机的状态，大脑会自发集中注意力寻找猎物。短期决战时，**一定要通过"饿肚子"提高注意力**。为此，饭最好只吃八分饱，在还没吃饱的时候放下筷子。

最近，我通常不吃早饭，只喝蔬菜汁，采取"**节食半天**"的策略——不吃早饭，从夜晚到上午节食半天。这不仅对减肥很有效，还可以保证整个上午注意力都很集中。

学习整理术 62

调暗房间的灯光

倘若以寺庙为范本，想要集中注意力学习的话房间最好不要弄得太亮。因为房间太过明亮时，眼睛看见的东西太多，很多对于学习没用的信息也会不断"闯入"大脑。

为了使大脑集中精力学习，最好尽可能排除那些没用的信息。这时不妨把房间的灯光调暗，把书桌的灯调亮。**利用人们常说的"聚光灯效应"**，把自己的视线牢牢固定在明亮的地方，以此提高学习效率。

加班时我常有这样的感受，房间昏暗而手边明亮。我想很多人都有这样的经验：把办公室其他地方的灯关掉，只留下自己桌上的灯，能够集中注意力工作。加班时，如果把办公室所有的灯都打开，反而会分散注意力。

同时，也请注意成为聚光灯的台灯。比起荧光灯类的台灯，**白炽灯温暖的橘色灯光更能让人集中注意力学习。**

不太亮也不太暗。咖啡厅的灯光亮度都是经过精心设计的。

想象一下用蜡烛微弱的火光营造出来亚洲风情按摩店的氛围。当然，在那么昏暗的环境中我们无法学习。不过想要集中注意力，房间里最好像按摩店一样不要装太多灯。

这样一来，不难发现，学校、办公室这样的公共场所其实很难让人集中注意力。这些地方大都采用明亮的日光灯。整个房间很亮，自己身边很暗，正好与"聚光灯"相反。在这样的环境中，我们很难集中注意力。原来，**本来最需要人集中注意力的学校、办公室，其实是很难让人集中注意力的环境。**[①]

我一直想创造一个充分利用"间接照明"，让人能够集中注意力的办公环境。可仅凭我一人之力，很难实现这个目标。不过，我至少可以为自己创造一个良好的学习环境——关上房间灯，只打开台灯。这样一来，就能迅速提升注意力。

[①] 颠覆常识，产生更有创造性的做法，这正是整理术的乐趣之所在。

学习整理术 63
在身边摆放黄色物品

有人提出"暖色系灯光能促进学习"的假设。**"看见黄色的东西能够提升注意力"**这一点有力证明了上述说法。据说人的眼睛对焦时，对准的是黄色的部分，一看见黄色注意力马上就能集中起来。

精神不集中时人们常做的一件事情是发呆，这时看一看黄色的东西就能恢复注意力。

红色在调动人的注意力方面也很有效，只是持续时间不长。长时间盯着红色的东西看，不仅无法集中注意力，反而会事与愿违，让人心神不宁。建议大家学习时，在周围摆放一些黄色的东西，帮助我们长时间保持注意力。比如，黄色封皮的笔记本、黄色的Post-it便签条、黄色的笔等。

不仅是书桌周围，最好能把整个房间都布置成暖色系的，以此提升注意力。大部分快餐店之所以都把店面布置成暖色系的，就是希望顾客能快点吃完饭、聊完天，加快翻台速度。把会议室布置成暖色系，能够使与会者畅所欲言，解决更多问题。

学习也一样，最重要的是运用暖色系的颜色、白炽灯的暖光等创造一个让注意力能够迅速集中的环境。

学习整理术 64
从整理书桌开始

上文提到了利用"聚光灯效应"使眼睛捕捉不到多余的信息。在这里我顺便谈谈关于"整理"的问题。**开始学习前，首先从书桌开始整理**，这是王道。

很多人任书桌上摆满与学习无关的东西就开始学习。这无异于把自己扔进一个不适合学习的环境强迫自己学习。

大脑会不断地对你说"桌上有很多与学习无关的东西，不过你别分心，千万别分心"。为了减轻大脑的负担，我们要从眼睛看得见的地方开始**"消灭"这些与学习无关的东西**。

这时我们常常会遇到一个问题———旦开始整理，一不小心就会陷入大扫除的深渊。本来是为了学习才开始收拾东西的，结果却因为收拾而没时间学习，这是典型的本末倒置。"收拾"不过是为了集中注意力学习而采取的一种手段。所以，收拾东西时"豪放"一点，文件什么的不用收拾，直接扔进文件

把文件扔进文件夹即可。

创建一个以整理日期为名的文件夹，把桌面上的东西一口气都扔进去。似乎把过去的一切都抹去了，心情十分畅快。

夹里就 OK。**学完习再慢慢收拾来得及。**

身处 IT 时代，还有些地方需要我们收拾。那就是电脑的桌面和收件箱。为了提高工作效率，我总是提醒自己要把这两个地方收拾干净。

这两个地方整理起来都很简单。在桌面上新建一个"临时文件夹"，**把桌面上所有的文件一股脑都扔进去就可以了。**文件没有被删除，所以不用担心。把所有文件集中在一处，事后找起来也很方便。

如果是很重要的文件，事后再放回桌面或移动到别的文件夹即可。不过，根据我的经验，只有 10% 的文件事后需要移动，剩下 90% 的文件都是没用的。换句话说，占据桌面空间的绝大部分文件夹都是妨碍我们思考的"垃圾"。

整理收件箱时也一样，**只要创建一个新文件夹，把邮件都扔进去**

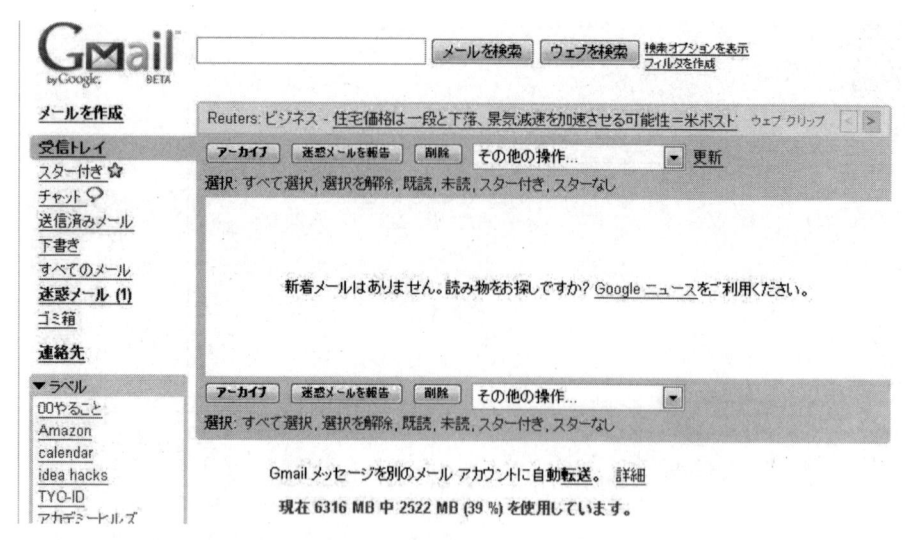

能够立刻恢复的邮件就立刻恢复。要花较长时间回复的邮件先扔进"待办事项"文件夹。把"收件箱"的邮件一封封删掉。

即可。所需时间不过10秒钟。有用的邮件事后再移出来就行。关键在于，把那些跟手头正在做的工作无关的一切暂时先转移到双眼看不见的地方去。

　　做这两项工作时，很多人担心"会不会把重要的文件或邮件忘了"。放心吧，真正重要的东西，我们是不会忘的。最后请允许我再啰嗦一句，要想提高学习、工作效率，最重要的是先让与此无关的一切从眼前消失。

学习整理术 65
听听佛经，集中注意力

前面已经介绍了香味、灯光两个与寺庙有关的要素，接下来再来看看最后一个要素"声音"。

在《整理的艺术2：时间是整理出来的》中我曾用过"迷幻舞曲式的注意力"这样的说法，指的是**单调、节奏感强的音乐更能让人沉浸于某项工作中**。后来，我经过各种尝试，发现了一种最有效的音乐——佛经。可能我这么说有点玄妙，可佛经真的有一股把人拉进异次元空间的魔力。

其中，听《理趣经》的效果最好。这点也是小田真嘉先生告诉我的。听过之后，我发现《理趣经》真的可以**让人心无杂念，集中注意力**。

乍一看《理趣经》的内容十分让人震惊。经文一开始就说"妙适清净句是菩萨位[①]"，接着指出点缀生活的种种快乐皆是"菩萨位"，即"美好的状态"，肯定了人类的"快乐"，彻底颠覆了佛教在我心目中的"禁欲"的形象。

这么说来，的确如此。生命的能量来源于快乐、欢喜。《理趣经》从正面肯定生命能量的本源，**充满了积极的能量**，难怪被尊奉为密教最高经典。

如果我要创造一个传授享受工作、人生窍门的"生活整理术教"，

[①] 意为性爱是美好的。——译者

据说《理趣经》有很多版本。对这方面有研究的人不妨比较一下哪个版本最有效。

肯定会以《理趣经》为教典(慎重起见,我要说这不过是个玩笑)。

听着听着,从某一瞬间开始突然听不见佛经的声音——这就是注意力完全集中的瞬间,说明你已经完全沉浸到了学习中。

佛经的优势在于它的声音结构,在不断重复的单调旋律中又有一些细微的变化。此外,很多人的声音重叠在一起,形成了泛音效果。

听完佛经,在精神集中的同时可能也会感到有些疲倦,这说明听佛经也很耗费体力。所以,身体状况不好的时候听佛经反而更加无法集中精力。身体是革命的本钱,一定要时刻保重身体。

有些人可能会说"不管多有效果我都不要听佛经"。这样的人可以听极简音乐或电子合成音乐。我个人比较喜欢原神玲的音乐,能让人心情平静、情绪高昂。

搭配使用第一章中介绍过的防噪耳机,效果更好。听佛经时把音量调大,很容易让人产生置身于大礼堂之中的错觉。

学习整理术 66
冬天把空调设定在 20℃

冬天学习时如果把房间弄得太暖和，人常常变得昏昏欲睡，没法学习。房间越暖和越令人安心，导致大脑进入休眠状态。

大冬天这么做可能不太人道，不过**最好把房间的温度调得越低越好**。当然，这样一来很容易感冒，一定要多穿衣服。这是让自己保持紧张感进行学习的秘诀。

另一方面，夏天太依赖空调的话对身体也不好。像我就是最好的例子，待在冷气太足的房间里很容易感冒。为此，夏天我也穿长袖，这样反而更舒服。边流汗边学习效率更高。

京都因地处盆地夏天非常闷热。大学时代，我在没有空调的情况下度过了京都的夏天。现在想想当时实在是太"勇敢"了。我把弄湿的毛巾搭在脖子上，裸着上半身学习。光凭想象可能觉得不可思议，真做起来其实还挺舒服的。

冬天边喝热乎乎的饮料边学习也是一种享受。在有些冷的房间里，边喝热饮暖身边学习，能让人保持适度的紧张感。

总之，**不要利用空调过度调节室温，尽量依靠身体自身的功能调节体温，促进新陈代谢。这样能够确保学习时的紧张感。**

学习整理术 67

利用腹式呼吸消除杂念

有时即使有了适合学习的环境，还是无法集中精力。这时，多半是太过在意日常生活中的小事了，杂念妨碍了你集中精力。而且越是那些烦恼也解决不了的问题，越难不去想。

与其把时间浪费在烦恼一堆杂事上，不如用这些时间来学习。这时，**建议大家试试用腹式呼吸来集中注意力。**

平时我们都用肺呼吸。所谓"腹式呼吸"就用腹部呼吸的方法。首先，把身体里的空气慢慢吐出来。吐完之后再慢慢吸气，让空气充满你的身体。

身体逐渐开始用腹部呼吸。重复4～5次后，就会发现刚才那些**杂念已从脑海中消失。这就是利用呼吸改变身体节奏产生的效果。**

心有杂念意味着身体处于焦虑、慌乱的状态。这时，通过慢节奏的呼吸，能够把身体从焦虑状态中解放出来。

这种"焦虑"源自对未来的不安。

我认为到某个阶段为止，我们需要"我这样下去行吗"这种不安。正因为"不安"我们才会学习，才会努力。

但是，最近，我觉得这种想法半对半错。说它对是因为"焦虑"是一种很好的催化剂，能促使人采取行动。说它错则是因为"焦虑"

常常导致人判断失误，采取错误的行为。

"焦虑"之后如果能做正确的事当然是好事，可往往是"焦虑"导致做错事的情况居多。欲速则不达，与其如此，**不如先稳定情绪，再冷静地处理问题。**

不光在学习中，在工作中，腹式呼吸也十分有效。

学习整理术 68
盘腿坐着学习

说起通过改变身体状态来改变大脑的状态，就不得不说说盘腿坐的习惯。我写文章的时候，总是两腿盘坐或盘起一条腿。这样能缓解身体的紧张，使心情放松下来。学习也一样，身体处于紧张状态是妨碍注意力集中的"元凶"之一。

我一直以为只有我这样想。前些时候，我去拜访一个IT企业的老板，谈起了盘腿坐的事。那位老板连跟人谈事情的时候也要盘腿而坐。

在我们见面的中华料理店，他脱了鞋盘腿坐在椅子上。看到这一幕，我惊叹："还有人这样！"然后感到备受鼓舞。

从那以后，我也不再在乎周围人的目光，能盘腿坐的时候就盘腿坐。有些咖啡厅的椅子没法盘腿坐。有些**家庭餐馆**的椅子是那种连成一排的长椅，**可以随心所欲，**

人们越来越关心自己的身体状况，与此相关的书也越来越多。这些书都指出改变身体状况能够影响人的思维方式。

想怎么盘腿就怎么盘腿。发现这一点后,我经常跑到家庭餐馆去学习、写作。

我还跟很多人谈过这个问题,持赞成意见的人多到令我吃惊。甚至还有些女性在工作中也喜欢盘起一条腿坐着。当然,穿裙子的话可能不太方便,穿套装时完全 OK。

盘起一条腿的坐姿和广隆寺的弥勒菩萨半跏思惟像[1]一样。也就是说,连弥勒菩萨在思考时也采取了这样的坐姿。既然神圣的弥勒菩萨都是这么做的,人类这么做,肯定有助于思考。

女士们不妨也试试这样的坐姿,体会一下当菩萨的感觉。

---

[1] 半跏思惟像是一种倚坐造型之佛像。一般为左脚下垂于地,右脚横叠于左膝上,左手自然下垂,置于右脚踝上;上身稍前倾,曲右肘,右手五指或食、中二指支撑于右颊下,呈现思惟之状。此类佛像,以悉达多太子思惟像、弥勒思惟像等较著名。

学习整理术 69
改善身体状况与周边环境

环境整理术很让人震撼。我们一直认为，思考、感受、烦恼、生气、快乐这些都是大脑的功能，以为只要开动大脑就足够了。

然而，本章的内容是**以大脑的功能与环境的相互作用密切相关为前提的**。也就是说，**环境和身体会改变人的思维**。

换句话说，**思考时不考虑环境和身体因素是很危险的**。当环境不好或身体状况不佳时进行思考，很容易变得偏执、自以为是。就算自己认为是对的，可能也在不知不觉中受到了周围环境和身体状况的影响。就像人因感冒而身体不佳时，很容易陷入消极思维中一样。

从这个意义上来说，环境整理术的优点在于可能帮助人们从自以为是的想法中解放出来。

构筑良好的环境，保持健康的身体，才能让人进行正确的思考。环境整理术不仅是有利于学习的方法，还是抓住了自《整理的艺术3：创意是整理出来的》以来我一直在思考的思维法、创意构思法的本质的方法。

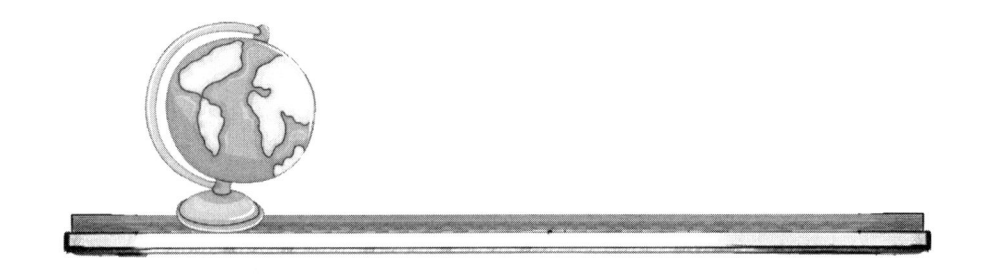

Chapter 6　语言整理术

把握语言的规律与变化

学习整理术 70
阅读平装书使阅读量突破 100 万个单词

很多日本人都为学外语感到烦恼。我自己从学生时代开始就不擅长学习外语，高考时英语是最让我头疼的科目。所以，从来没有想过自己将来会到国外去留学。

因此，当我下定决心去国外留学时，最担心的就是"我的英语能行吗？""现在学英语还来得及吗？"从零开始学语言怎样才能达到留学所需的水平？在这一章，我想介绍**在最短时间内，把英语水平提高到留学所需水平的方法。**

首先，提高阅读能力。阅读在语言学习中是最重要的，也是今后学习的基础。很多人没有意识到**阅读能力才是听、说、写等其他语言能力的基础。**

这个问题其实很好理解。读不懂文章的话，自然听不明白，更说不出口。有些人说"文章看不明白，听的时候大概能听懂"，这说明他所谓的"听懂"靠的是说话时的前后文、氛围，并没有真正听懂英语本身。

要想掌握英语，首先必须锻炼阅读能力，这是第一步。

建议大家**多读英语以提高阅读能力。**特别是建议大家多读被称为Paperback（平装书）的低价英语书。据提倡 SSS 英语学习法的酒井邦秀说，阅读量突破 100 万个单词后就能读懂西德尼·谢尔顿（Sidney

Sheldon）等人的书。达到这种水平的人去留学根本不是问题。

问题是怎样才能读完 100 万字的文章呢？想想学生时代边查字典边读英语的情景，"100 万"简直是个天文数字。

别担心，其中也有窍门：

（1）不查字典（读那些不查字典也看得懂的书）；

（2）跳过看不懂的地方往前读（把看得懂的地方连起来读）；

（3）觉得无聊就停止（采用前两条原则读起来仍然觉得无聊书就不要读了）。

这样一来，读起英文来应该快得多。

我在去留学前，用这种方法读了很多英文。我决定从"不用查字典也能看懂的简单读物"开始读，所以最先看的是美国小学生读的童话书。童话中用的英文单词接近日本中学生的英语水平，即使不查字典也能读懂。

我一直以为学习英语要从阅读难以理解的内容开始，在那之后才恍然大悟应该**"从读起来很容易理解的内容开始"**。为此，就连不擅长英语的我也感到"这样一来我也能坚持下去"。

有人说"都能看得懂的书对学习能有什么帮助"。其实并非如此。我常常惊叹，简单的英语通过不同组合竟能表达出如此丰富的含义。我一点点挑战难度越来越高的书，最后终于能不查字典就看懂德鲁克的书。

这与我在第三章"考试整理术"中介绍过的"通过控制难度维持动力"相关。一边查字典，一边看，一小时只能看几页实在是太痛苦了。与其这样，不如选一些不查字典也能读懂的书，不但读的时候心情愉悦，也有助于提高英语水平。即使在阅读过程中遇到一些没学过的单词，通过上下文的文脉大多也能猜出它的意思。这样做有利于培养英语的语感。

学习整理术 71
只要掌握 1,000 个单词就能跟人用英语聊天

多读平装书的方法之所以有效，是因为在日常生活中使用的英语单词其实并没有那么多。

人们常说"只要掌握 1000 个单词就能跟人用英语聊天"。"1000"不过是初中生水平的英语单词量，可见真的很少。为什么用这么少的单词就能聊天呢？这是因为英语是由简单的单词组合而成的。

比如，take 一个单词就能衍生出无数的词组。我试着在在线词典上搜索"take"这个词，竟然出现了 19494 个搜索结果！

其中绝大部分是 take 和其他词组合而形成的衍生义。只要掌握"take"、"have"、"get"等基础单词的用法，就能表达很多意思。这就是英语的魅力。

不用记很多单词也能表达丰富的内容，这是英语的方便之处。反过来，一个词有这么多变化也是英语的难点。因为这意味着**"不掌握由 1000 个单词衍生出来的无数词汇，就没法用英语聊天"**。

所以说日常英语会话比商务英语会话更难。商务英语会话是围绕商务英语词汇进行的。只要掌握了相关词汇就不会有什么问题。而且，交谈过程中涉及的主要是客观事实与意见，双方不会产生很大的误解。技术方面的英语会话相对容易也是同样的道理。

比如，"take advantage of"这个词组是"利用……"的意思。可在日常会话中它常常被用作贬义词，含有"狡猾"的言外之意。如果不知道它的这个意思，用起来很容易产生歧义。这就是日常会话的可怕之处。

多读平装书之所以有助于英语学习，是因为在书中能够接触单词多样的表达方式。从面向小学生的童话开始阅读，不仅不会浪费时间，还能为将来的英语学习奠定坚实的基础。一方面，我们要坚信只要掌握 1000 个单词就能进行英语对话。另一方面，我们也要有一种危机意识——只靠这 1000 个单词是远远不够的。

学习整理术 72
巧用软件背诵单词

掌握由1000个基本词汇衍生出来的众多词组后，就可以开始学习一些有难度的单词。

想要去留学或用英语进行商务谈判的话，必须掌握一定数量的专业词汇。专业词汇与我们日常使用的语言不同，很难用别的单词代替。如果不知道这个单词，就会陷入无法解释的窘境。

好比对一个不知道"二氧化碳"（carbon dioxide）这个词的人解释何为二氧化碳。在商务谈判中，但凡听不懂一个词，就有可能导致本来能做成的生意做不成。

这样的专业词汇除了"死记硬背"没有别的办法。上文提到的基本词汇，很多表达方式的区别很微妙，只有通过多读才能把握语感。商业用语等专业词汇有固定的意思，与日语能够一一对应，必须牢牢把它们记住。

但是，"单纯的背诵"需要强大的毅力。推荐大家使用任天堂开发的DS英语单词背诵软件，以"闯关"的方式学习英语，学习者不容易厌倦，有利于坚持学习。

英语单词分为基本词汇与专业词汇。**基本词汇语义丰富，需要根据上下文进行判断。专业词汇词义固定，无需借助上下文。学习过程中一定要用不同的方法来记忆这两类单词。**

学习整理术 73

每年花 1,000 小时练听力

通过多读奠定学习英语的基础后，就该开始练习听力了。与阅读一样，练习听力关键还是"量"的积累。ALC 有一款名为听力马拉松的商品，以每年听 1000 小时听力为目标。

我订阅了附配套 CD 的月刊英语教材。像朝日出版社出版的 *CNN English Express* 就是以当前的世界新闻为英语教材，从中能很方便地学习到最新单词。我把 CD 内容导入 iPod 内，只要有时间就听。

要达成每年听 1000 小时的目标，每月要听 80 小时，每天约 3 小时。CD 时长大约 1 小时，每天的目标就是听 3 遍。真正认真听过的人都知道，集中精力听 3 小时英语相当辛苦。

阅读量突破 100 万字，听力达到 1000 小时，听起来都像是天方夜谭。一定要灵活运用刚才说的"遇到不懂的地方就跳过"的技巧。不要拘泥于听不懂的地方，只听听得懂的地方就行了。和多读一样，下述三个原则也适用于多听。

（1）不查字典；

（2）跳过看不懂的地方往前读；

（3）觉得无聊就停止。

做出这样的选择后，就能把很多英语的声音输入大脑。如果拘泥于"这里没弄懂就不能往下学"的想法，不管花多少时间英语也不会进步，听力尤其如此。没有进步就会失去干劲，失去干劲就越发不可能进步，英语学习由此陷入一个恶性循环。

总之，不管什么内容，先轻松地听，听到烦为止。这样一来，慢慢就会掌握越来越多的表达方式。

我从商学院毕业以后，有一段时间没有接触英语。后来，我发现自己的英语变得越来越差，赶紧又开始练习英语听力。

想达成一年 1000 小时的目标并非易事，所以我给自己定下了每年听 500 小时，每天听 2 小时的目标。上下班路上能确保听 1 个小时，我要做的就是每天想办法再抽出 1 个小时来听。某些天可能完成不了任务。可是，我的想法是只要保证一年 365 天中的 250 天每天听上 2 小时，就能完成每年听 500 小时的目标。

最重要的是根据自己的生活方式制订一个有可能完成的计划。

学习整理术 74

从电视剧中学习鲜活的英语

我还想告诉大家一个方法——**边看 DVD 边练听力**。如果光听，遇到听不懂的地方怎么办？如果有画面，遇到听不明白的地方，还可以通过画面猜测演员们在说些什么。把意思与声音联系起来，能够提高听力练习的效果。

我建议大家**用连续剧来练听力**。用电影当然也可以，可电影一般时长都在 2 小时左右，翻来覆去地看，总归有看腻的一天。在这一点上，电视剧更有优势。只要找到一部自己喜欢的电视剧，可以一季接一季看下去。

我自己从 Friends（《老友记》）中受益最多。这部情景喜剧备受欢迎，是一部名副其实的"长寿剧"，长达十季，讲述了住在同一个公寓中的男女的故事，相当有趣。

该剧以现代纽约为舞台，剧中人物使用的是最鲜

很多编剧参与了 Friends 的创作，看的时候不妨猜猜这集是哪个编剧写的，也很有趣。

活的英语。因此，刚开始看的时候可能有很多话都听不懂。可只要多看几次，慢慢就能听懂，这就是影像的魅力。如果有英文字幕的话，还可以通过字幕确认主人公说了些什么。

Friends 作为教材最大的优点在于，**"没听懂笑点时的懊恼"** 能够激发学习者的学习欲望。

主人公说完一段话后全场一片爆笑，你却没有听懂，那是多么令人懊恼啊！就好比全班人都在大笑，只有你一个人没有听见，拼命问同桌"发生什么事了"。这种懊恼往往能让人产生"再看一遍，这次一定要看懂"的动力。

学习整理术 75
英语会话的 KTV——"影子练习"

练完听，终于要开始练"说"了。这时，我建议大家用"**影子练习法**"（Shadowing）。

简而言之，影子练习法就是英语会话的 KTV——模仿母语话者说话的速度，以同样的速度说话，当然也可以边看文字资料边说。去留学前夕，我进行了大量的影子练习，成果显著。事后想想，如果当初没有做这种练习，到了国外真不知该怎么办。由此，我又一次深刻体会到学习的基础在于模仿。

影子练习的优点在于，通过练习能够掌握母语话者独有的节奏感、语音语调。在语言学习中，节奏感十分重要。即使你的发音再清楚，只要节奏不对，对方可能完全不知道你在说些什么。反过来，即使你吐字不清，只要有节奏，对方还是能够听懂的。

进行影子练习时我用的还是练听力时用的 *CNN English Express*（朝日出版社）。用这套教材，我前半个月集中练习听力，听到差不多能背下来的程度。后半个月，穿插进行影子练习。这样，可以在完全听懂内容的情况下进行影子练习。每个人可以根据自己的兴趣选择适当的音频资料。

掌握节奏感、语音语调后，要做的是纠正发音。语感好、耳朵好的人通过影子练习足以掌握发音，可对大部分人来说，仍需单独进行发音练习。

英语中有很多日语没有的音，这些音对日本人来说很难掌握。比如，[r] 与 [l] 的不同，she 和 sea 中 "[ʃ]" 和 "[s]" 的不同，[v] 与 [b] 的不同等等。一开始要从口型练习起，有的时候嘴唇往前嘟，有的时候双唇往两侧打开，有的时候口腔大开。进行影子练习时，若能有意识地加入发音练习，效果更好。

通过影子练习还是无法掌握语音语调的人，不妨试试 *American Accent Training*（自带 5 张 CD）这本在纠音方面备受好评的书。它会清楚地告诉你在发音方面应该注意哪些问题。

还可以试试《美国口语教本》系列（研究社）。它像锻炼肌肉一样锻炼说话的能力，通过反复练习固定句型，使学习者达到能把句子脱口而出的效果。

在完成这些基础练习之后，可以抱着参加考试，验证实力的心态，报个英语培训班。既然是考试，就没必要频繁地去上课。与其把时间、金钱花在上课上，不如踏踏实实自己在家进行基础练习更有效。

学习整理术 76
把重要句型全背下来

不断重复影子练习会发现固定句型一旦变成模式，很容易就能说出来。因为已经重复过无数次，很自然就会脱口而出。如果你已经达到这种状态，恭喜你！慢慢地你会发现，自己嘴里说出一些从没学过的单词。达到这种水平后，**语言学习的速度会猛然加快。**

不过，要想达到这种程度需要花很长时间。在那之前，我们要做的是把生活中常用的表达方式完全背下来，特别是自我介绍。最好能事先把1分钟左右的自我介绍背下来，到要用的时候就很方便。

你或许认为这很简单，真准备起来才发现并不容易。自我介绍不仅涉及语言的不同，还涉及文化差异。

在日本，可能用一句"拜托了"就能搞定，可在居住着来自世界各地的人口的美国，人们需要的是更明确的自我介绍。进行自我介绍时，一不小心很可能说成"我叫小山龙介。嗯……，我是某

发音只能靠身体去掌握。和体育一样，重复练习看起来浪费时间其实是条捷径。

某大学的学生，学习的是商科……"（哎呀，没话可说了……）这完全是小学生水平的自我介绍。如果不想像这样丢脸，事先一定要做好准备。

最好准备两份自我介绍，分别在工作场合和私人场合使用。在工作场合要言简意赅，介绍一下自己在什么公司工作，担任什么职务，从事什么样的工作即可。

难的是私人场合。最有效的是**利用体育素材**。比如，松井秀喜选手还在纽约洋基队打球时，自我介绍时加上一句"我是洋基队的球迷，一直支持松井选手！"很可能引发大家对棒球的热烈讨论。①

还可以利用**旅游素材**，说自己去过哪些地方，在那儿发生了什么样的小插曲。通过这些小事，不仅能让对方了解你的为人，还可以通过"你有什么推荐的地方吗"来继续话题。

如果家人在身边，也可以谈论家人这个各国通行的话题。顺便说一下，谈政治、经济问题之前，最好先看看对方是谁。而且这类话题比较难，没有很高的英语水平，恐怕无法应付。

光是准备一个自我介绍，就需要借助对异国文化的理解。这是语言有趣的地方，也是语言之所以难学的原因。另外，准备好的自我介绍一定要请母语话者检查一遍。这时候，就是请英语培训学校的老师出马的最好机会啦。

---

① 当时，只要我穿着印有松井号码的球衣到洋基体育场去，一定有人主动来跟我聊天。这时跟对方聊些什么？这不仅考验你的英语能力，还考验你与人打交道的能力。而这方面恰恰是我的弱项。

学习整理术 77
借助 iTunes U 免费留学海外

经常有人找我商量，说想到国外去留学。这时，我常常告诉他们一个方法——**一个身处日本却能够听到国外学校课程的方法**。在这方面，最有代表性的是 iTunes Store 里的 iTunes U，主要提供美国各大学课程的音频、视频。

在"轻松耳朵学习法"中我也介绍过 iTunes 这个软件。只要点击 iTunes Store 里的 iTunes U 目录，马上就能看到提供课程资源的学校名单。

课程内容多种多样。美国各大学为了凸显本科教育的优势，将每个领域划分的非常细。只要对某个领域有兴趣，你的好奇心肯定会被调动起来。点击"购买"键，开始下载课程，几分钟后你就可以开始听课啦。

这款软件实在是令人震撼。其内容可能会让那些花 1000 多万日元去留学的人惊呼："怎么能这样？太过分了！"所以我们没有理由不享受它带给我们的便利。

不过，听课时很多人都会因为"学了那么多英语，却听不懂"而受到打击。练了很长时间听力，自己慢慢有了自信，觉得听力水平还不错，一到上课却还是听不懂。

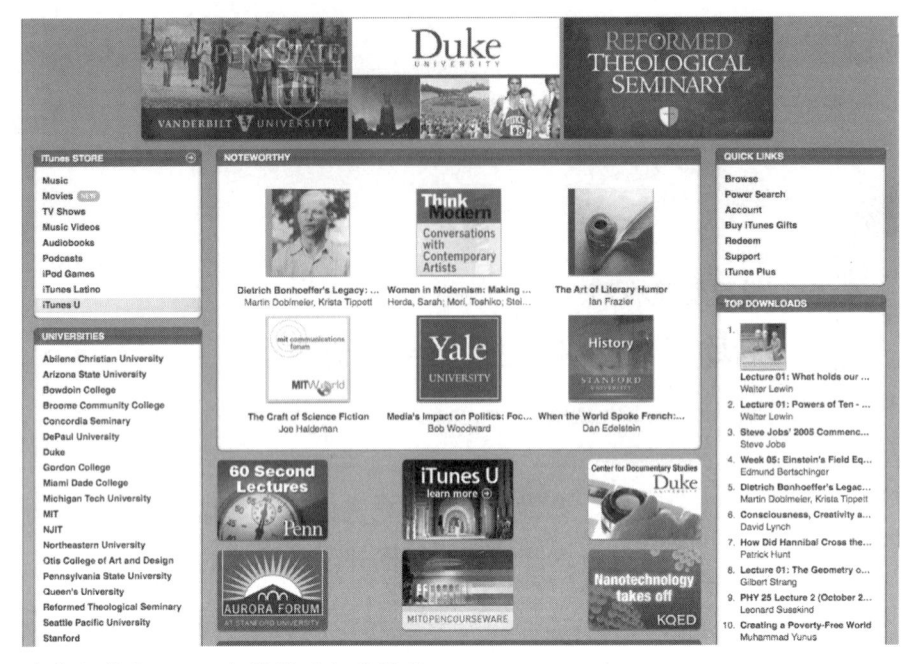

名牌大学在 iTune 上提供了各种课程。

这并不奇怪。英语教材大多是专门负责配音的人朗读的，很容易听懂。而上课的那些教授在朗读方面并非专家。有些老师发音不清，还常常一开始说错了后来再改，听不懂也很正常。尤其是年纪大的老师，吐字不清，即使是美国人也很难听懂。除此之外，有些老师的英语是印度腔，有些老师的英语是中国腔，**还要想办法听懂各种夹杂着外国腔的英语**。

不仅学习时会遇到这种情况，做生意时也一样。充分利用 iTunes U 软件，以应对不同美国人、不同腔调的英语。只要掌握了相应的模式，听起来就不会那么费劲了。

学习整理术 78

利用 Skype 检验自己的英语会话能力

逐步提高英语水平后，最后需要做的事是检验自己的英语会话能力。

很多人都误以为**去上英语口语课就能提高英语能力。大错特错！**每次上课不过讲 1 个小时英语，怎么可能提高英语水平？

很多人以为多跟外国人聊天就能提高英语水平。遗憾的是，就像上文介绍过的，只有不断重复无聊的练习才有可能提高外语水平。

那么，英语口语课是不是完全没有用呢？也并非如此。用它来检验自己的英语能力还是很有效的。不要把课上的 1 个小时用来练习英语，要用来检验自己的英语水平。一个月去上一次课，通过和母语话者交谈确认自己进步了多少，是一个维持学习动力的有效手段。

不过，一般的英语学校大都要求学生频繁地去上课。以此检验实力的话，次数太频繁，太浪费钱。

这时，**推荐大家使用 Skype 的在线英语口语课程**。大部分讲师是以英语为母语的菲律宾人，可以通过 Skype 在线授课，一节课仅需花费数百日元。

课时费便宜，还可以在想上课的时候上课，用来检验实力最合适不过了。当你觉得"英语应该有点进步啦"的时候，不妨去上一节这样的课。

学习整理术 79
把握语言的规律与变化

通过上面的介绍不难看出，在语言学习中最重要的是**节奏与波动**。既要让身体记住节奏，也要允许适当的波动存在。"语言"本身并不那么严密，需要某种程度的"模棱两可"（不确定性）。就像上面介绍过的大量阅读和影子练习法一样，**要让身体记住包括"模棱两可"在内的一切**。这也是随着时代变化而不断变化的语言的特征。

为此，学习语言并不是最终目的。不论外语说得多么好的人，也总是说"我还差得远着呢"。这并非谦虚之词，说明语言既深奥又富于变化。

节奏与波动的概念不仅存在于语言学领域，还存在于所有领域。包括语言学在内的各领域研究的不断进步，颠覆了很多过去所谓的"常识"。这就好比生物体的新陈代谢。**知识本身也有自己的节奏，也在不断地波动**。

既然如此，我们该怎么办？首先，要不断获取新信息。我在"学习整理术 34：尽可能忘掉已经记住的东西"中也介绍过，如果停止输入新知识，已有的知识很快就会腐化。

换句话说，倘若因"学会了"而不再学习，就像失去节奏的音乐一样，很快就会沦为落后于时代的"过气时尚"。

总之，不管在语言学习还是其他学习中，都要跟上时代的节奏与波动。

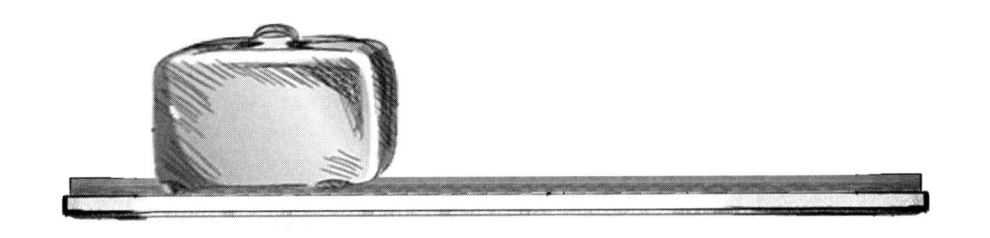

Chapter 7　职业整理术

学习是一种人生态度

学习整理术 80
职业生涯的蓝海战略

当"在一个公司工作到退休"的职业规划变得越来越没有说服力，当换工作成为一件平常事，"学习"也变得越来越重要。

这包含两个方面的内容：

首先，**考虑到将来要跳槽，有必要学习一些更具普遍性的知识。**

如果打算在一个公司一直工作下去，那么只要掌握在这个公司通用的知识即可。如果将来想跳槽，又不掌握一些在别的公司也通用的技能的话，很难找到一份好工作。这时，有必要通过资格考试，把自身技能转化为能够客观评价的东西。

"学习"是使只在特定公司中通用的知识变得更具普遍性的好办法。

其次，**为了构筑自己的职业生涯而进行学习。**通过学习掌握与目前从事的工作无关的技能。然后，大胆地转换职业轨道，使自己的职业生涯变得独一无二。

仿照企业的经营战略，我想称之为"职业生涯的蓝海战略"。

蓝海战略是指，避开血腥竞争的现有市场（红海），开创新的市场（蓝海），从中获取高额利润。

在竞争已进入白热化的市场，由于价格战利润越来越低，要想加大开发力度，超过其他公司，则要投入大笔资金。这样的市场已是染

蓝海战略的四步骤

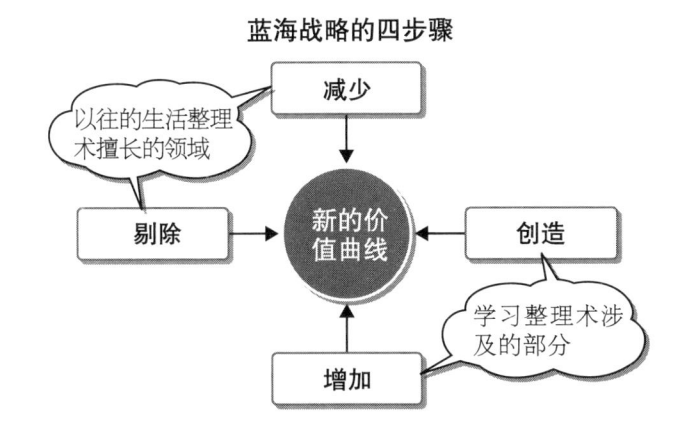

```
         减少
以往的生活整理  ↓
术擅长的领域
    ↓
   剔除 → 新的价值曲线 ← 创造
    ↑           学习整理术涉
               及的部分
         增加
```

满竞争者鲜血的"红海",蓝海战略主张与其在这样的市场中白白流血,还不如开发一个没有竞争的新市场以追求利润。

确定蓝海战略需要**四个步骤——减少、剔除、增加、创造**。经过这四个步骤,就能发现一个颠覆行业常识的新市场。

这个战略不仅适用于工作,也适用于个人技能及职业生涯。

"减少"、"剔除"是以往的生活整理术最拿手的。大部分生活整理术是通过大胆地"减少"或"剔除"原来认为有必要的工作,提出新的工作方案。生活整理术的基本态度是质疑一切——这真的有必要吗?**以蓝海战略为目标的新事业的开发与生活整理术的开发在这一点上十分相似。**

仅仅"减少"与"剔除"还不够,**还需要进行"增加"与"创造"**。这两点正是人们对"学习整理术"所寄予的期望。

通过学习"增加"、"创造"技能,最终在没有竞争的蓝海中充分发挥自己的实力。

擅长"减少"、"剔除"的生活整理术,加上以"增加"、"创造"为目的的学习整理术,就是蓝海战略的四步骤。换句话说,**通过学习整理术完成作为蓝海战略的生活整理术。**

接下来，我以自己的经历为例说明一下何谓"职业生涯的蓝海战略"。

大学毕业后，我进入广告公司工作。最开始主要学习与工作直接相关的市场营销方面的知识。工作的第三年，在前辈的劝说下参加了中小企业咨询师考试。第二年，又参加了美国商学院的考试。

在这个阶段我还身处"红海"。就算进入商学院，也是"天外有天，人外有人"。就算能进哈佛的商学院又如何，等待我的还是激烈的竞争。**永无止境的竞争正是红海的特征。**

进入商学院后，我开始以"创业"为主题。不仅学习基础的商业知识，还学着进行商业创新。学习理论知识的同时，我也开始做一些小规模的新项目。顺便说一句，我在硅谷深切感受到了"生机勃勃、快乐、富有创造性地工作"的重要性。这一**主题也**贯穿了我的职业生涯。

这时，我不再单纯是"广告公司的销售人员"，开始从"做广告"切换到"创造商机"的轨道上。当时，日本还没什么人从事这种工作，我开始迈入没有竞争的蓝海。

然后，我明确了"进入企业，开展新业务"的职业规划。之后，我担任过TYO Interactive Design的制作人、松竹的制作人、松竹艺能的市场开拓室主任，积累了开拓市场的经验。如今，我独立创业，在企业开发新业务、新商品时担任咨询顾问，支持企业进行创新。

这样，我才终于进入了没有竞争的蓝海。结果，到目前为止，拥有了他人无法模仿的独特的职业生涯。

最重要的是，这里没有让人费尽心力、永无止境的竞争。我所要做的是按照自己的意愿去拓展能够展现自身实力的舞台。

学习整理术 81

学习会计知识，横向扩展职业

在职业的蓝海战略中应该"增加"、"创造"的究竟是什么样的技能、职业呢？关键词是"出人意料"。

就算你掌握了在本行业必需的技能，也无法凸显你的与众不同之处。如果你的目标是成为该行业的 No.1，那又另当别论。只不过能成为 No.1 的人屈指可数，迎接你的将是白热化的竞争。前方将是一片不折不扣的"红海"，是我们应该竭力避免的。

反过来，如果掌握的是与本行业完全无关的技能又将如何？比如，身在金融行业又掌握了与服装行业相关的知识，肯定会有很多服装行业的人来挖角。这是因为，不论是从事什么行业，要想扩大企业规模，都必须掌握金融知识。

服装方面的专家有很多，可精通服装行业的金融专家不多。这就有可能产生"精通服装行业的金融专家"这一"蓝海"。

把市场营销、金融、会计、IT、人力资源管理这些普遍适用的知识，与特定的行业结合起来形成极具专业性的知识，有利于职业的发展，因为这种做法把专业知识横向扩展到了其他行业，所以我想称之为"技能的横向扩展"。

最好把技能扩展到令人意外的行业。比如，从事市场营销工作的人把市场营销知识导入完全不相关的行业，就很容易在那个行业获得重要的职位。投入一个新的行业，打破这个行业的陈规陋习从而获得成功，是横向扩展职业技能获得成功的例子。

与此相对，还有一个叫做"职业的纵向统合"的方法，要求你了解从开发、生产（上游企业）到销售（下游企业）的工作。虽然与横向扩展相比不那么"令人意外"，却有自身独特的优势。

可以预见，它将在填补上游企业与下游企业之间的沟通空白，充当桥梁方面发挥很大作用。如果你已经找到一份愿意为之奋斗终身的事业，不妨通过纵向统合增加职业竞争力。

具体做法如下：如果你身在上流企业，就掌握下游企业的销售、市场等知识；如果身在下游企业，就学习与研发、制造技巧相关的知识。

最容易横向扩展的是会计知识。因为所有的商业都与"钱"有关。知道一个公司的金钱流向，也就知道了整个公司的运作方式。这能使一个人判断某项事业能否成功的商业嗅觉更加灵敏。

会计学学得越深越难，不过一般商业所要求的会计并不难，能达到簿记三级水平即可。簿记三级的话，学习几十个小时就可以通过，完全可以利用零散时间进行学习。

我参加中小企业咨询师考试时需要掌握一定的会计学知识，所以花几天时间做了一本习题集。如果只是想掌握一些初级的会计学知识，不会占用太多时间。

学习整理术 82
马上实践学过的知识

很多人掌握一个新技能后就把它抛到一边了,这和考了驾照以后不开车一样,这种人一旦真的上路很容易出事故。不管是什么样的小技能,学会了一定要加以实践。**只有通过实践才能牢牢掌握学过的东西。**

很多人可能会说:"如果是与本行有关的技能还有可能,否则根本没有机会尝试嘛。"其实,这种想法正好相反。**正因为某件工作不是你的本行,你才能轻松地去尝试。**

如果是本行就不允许你犯一点小错误,不论任何时候都是"现场直播",要求你拿出专业人士的素质。换句话说,那个世界绝不允许你"试试"最近学过的东西,就连"我最近正在学习……"这样的话也不该出现。

我在广告公司工作过。当时如果对客人说"我正在学习市场营销……"就已经"出局"。因为这是我本来就应该要掌握的知识,应该偷偷学习。还没掌握相关知识就为客人服务,无异于是对客人的背叛。

从中也可以看出这样的悖论:如果没有机会实践与本行相关的知识,学习往往是纸上谈兵。

如果不是本行则另当别论。就算对客人说"最近我也在学习……"也不会给客人留下不好的印象。不仅如此,还能增加自己的职业砝码。

以刚才所说的市场营销为例。先说"最近我热衷于芳香疗法,准备参加芳香治疗师的考试"，接着说"我发现精油与市场营销有密切的关系"。能找出所学内容与所从事职业之间的关系，这已经是件很棒的事。如果能够进一步用"精油市场营销"来展示自己新的职业规划，无疑又进一步靠近了"蓝海"。

此外，正因为不是本行才会容许你失败。告诉对方你正在学习什么，较容易获得"尝试"的机会。

以我为例。我是从2007年8月17日开始学习客卿的。9月2日获得了第一个客户。半个月以后，就正式"上岗"了。我在2008年一年为100多人进行了客卿。

如果"客卿"是我的本行会怎么样？肯定会觉得自己还学得半吊子的时候怎么能为他人提供服务呢。

正因为不是自己的本行，才能轻松地去尝试。积累了为几十个人进行客卿的经验后，我的客卿技术进步得更快。**不是本行的工作反而更容易付诸实践，进步得更快。**

学习整理术 83
为职业生涯上一份双保险

不断将学习过的内容付诸实践，对于职业生涯的发展很有帮助。因为这样可以**建立起"双轨制职业生涯"**（double career）。

双轨制职业生涯，是指同时拥有两份职业。就像我，本职工作是新产业发展咨询顾问，同时兼任财经图书作家。

这意味着万一本职工作出现问题，还可以走另一条职业道路，构筑起职业生涯的安全保护网。

有人可能会对此提出批评——"用心发展副业，耽误了本职工作"。基于以下三个理由，这种看法完全没有道理。

首先，通过第二职业所掌握的技巧，也能促进本职工作的发展。比如，在客卿中学会的与人说话的技巧，有利于本职工作中人才管理、营业技巧的提高。两个职业能起到互相促进的作用。

其次，正因为有安全保护网，才能够在本职工作中"冒险"。如果没有第二职业这块"盾牌"，所有的人都只能进行防守。这样一来，即使认为某个决定对公司发展不利，可为了不惹祸上身，也只能采取"视而不见"的保守策略。

"明哲保身"是只拥有一份职业的人的处事策略，因为搞不好可能自己要负责任，所以"即便认为有应该改进的地方，也不说出口"。

这种人很懂办公室政治那一套，工作作风也越来越保守。

当一个人有了养家糊口的压力后，很难再强求他积极地去冒险。只有那些拥有双职业，确信"失去这份工作也不会怎么样"的人，才能大胆地采取行动。

最后，这有利于突破工作中的困境。当一份工作不顺利时，拥有双职业的人可以通过另一份工作来释放压力，借此保证精神上的稳定。尤其是在这个企业员工集体抑郁已经成为一个社会问题的时代，比起被困在狭小的圈子中郁郁寡欢，通过另一份职业改变情绪无疑更有利于精神健康。

特别是在精神健康方面，即使不上升到"职业生涯"的高度，双轨制职业生涯也有很多好处。在"低俗"的工作中拼命挣扎后，再回到抽象、美好的学问世界中去，整个人的心情都会变好。平衡理想与现实的关系，有助于我们获得精神上的平静。

学习整理术 84

如何通过学习拓展人脉

为年轻人进行客卿时，他们常对我说为难以拓展人际关系感到烦恼。工作两三年后，在公司里很难交到新朋友，在公司以外的朋友也就是那几个。这个时期，最容易被"跳槽"这个恶魔诱惑。特别是在对上司感到不满的情况下，绝大部分人会选择跳槽。

这种状态长期持续下去不利于自身的成长。如果没有很好的人际关系，就会陷入工作日渐僵化、个人无法成长的恶性循环中。

摆脱这种困境的一个好办法是"**通过学习获得新的人脉资源**"。通过学习，可以认识在以往的工作中认识不到的人。

比如说，人们常说的"读商学院的真正目的"就在于此。

在商学院中当然要学习与商业相关的知识，然而真正的目的其实是"与聚集在这里的全世界的优秀人才建立联系"。通过商学院的学习，能够与那些在日本无法认识到的人们成为好朋友。在这里建立起来的朋友圈非常重要。

更重要的是，**通过学习获得的人脉资源不牵扯到金钱利益，联系往往十分紧密**。在学校里，不管你在公司担任的是什么职务，所要做的就是与同学合作完成项目，然后和大家一起去庆功慰劳自己，彼此之间很容易成为亲密伙伴。

人际关系圈与联系人

- CTI Japan 客卿课程人际关系圈
- Isis 编辑学校人际关系圈
- 公司人际关系圈

你成为各个人际圈之间的桥梁，迅速拓展人脉。

在这种意义上来说，**通过工作认识的朋友则很容易"钱在人情在，钱尽缘分断"**，年轻的时候更是如此。因为对方看重的不是你这个人，而是你所在的公司。当你对这种"表面上的交往"感到疲倦的时候，学习伙伴的存在显得更加重要。这也是一个让你重新审视自己价值的机会。

获得新的人脉资源在职业生涯规划中也很重要。过去，只要在公司内部有足够的人脉就可以出人头地。可是，在跳槽已成为家常便饭的今天，光有公司内部人脉是远远不够的。因此，以学习为契机创建新的人际关系变得日益重要起来。

通过学习拓展的人脉将以惊人的速度扩展开。与从事不同行业的人"邂逅"的机会将在短时间内激增。**这与人脉呈"层状"有关。**

人脉建立在某种"容器"的基础之上，如公司、家庭、亲友、同学、邻居及志愿者等。通过学习之所以能快速拓展人脉，是因为多了一个容器。**在同一个容器里的人变成一个整体，加入了你的人际网络。**

对我而言，在"Isis 编辑学校"的学习是一个很大的契机。编辑学校的好处在于可以体验当老师的感觉。一开始是学生，经过认真学习后可以担任"代课老师"、"老师",体验教书的感觉。由此,不但能建立起"同学关系网",还能建立起"师生关系网"。

另一个对我产生重要影响的是 CTI Japan 的客卿课程。课程中有三天是进行研讨。令人惊喜的是,通过三天的密切合作,同学之间产生了深厚的"革命情谊"。

我想这是因为客卿本来就是一种人与人之间的关系,再加上面对面进行的研讨,自然使参与者之间的关系变得十分密切。

最近,我还拓展了"即兴剧"方面的人际关系。

公司的人脉加上在 Isis 编辑学校、CTI Japan 客卿课程、即兴剧中认识的人,我成功拓展了自己的人脉。

有了新的人脉就能开展新的工作。我在人际关系圈之间充当了"联系人"的角色,开始向朋友推荐人才。

组织也需要这样的角色来维持与别的组织之间的关系,这对公司来说是一件好事。

由联系人维系起来的关系,在网络理论中被称为"**small world network**"(小世界网络)。社会其实就是由一个个小世界网络构成的。

听说过"六度人脉"这个词吗?"朋友的朋友的朋友的……"据说只有你愿意,最多通过六个人就能够认识世界上的任何一个陌生人。为什么会这样?这是因为总有人起着连接人际关系圈的作用。

通过学习拓展人脉,也就是拓展人际关系圈,意味着你承担起了联系人的任务。这是使你所身处的世界,变成一个由各种人组成的小世界网络的好办法。

学习整理术 85
学习的投资回报率

花在学习上的金钱的投资回报率，根据每个人设定的投资回报期的不同而变化。

从结论上来说，年轻时的投资回报期长，不管什么样的投资都能收回成本。到国外的商学院去留学，需要约65万日元学费、生活费，如果按照30年收回成本计算的话，一年收回2万日元即可。也就是说，一个月只需回收不到2000日元，每天只需回收一顿午饭钱——60日元就可以。**趁年轻，投资回报期长的时候，不断把钱投资在学习上保证稳赚不赔。**

很多人的问题不在于没钱，而在于没时间学习。在商业的世界里，时间通常被折算成金钱进行思考。这部分时间我们可以理智地计算出它的价值。然而，还有很多"时间"是无法计算价值的，如和家人、朋友共处的时光，花在兴趣上的时间。我们需要调整学习与这些活动的冲突。

一旦决定要学习，我们首先要做的就是决定"放弃"。比如，"不加班"、"每周只喝两次酒"、"减少花在兴趣上的时间"。做出这样的决定并不容易，需要改变长期以来养成的习惯，所以很多人很难坚持下去。换句话说，在学习过程中，需要计算的不是"金钱"的投资回报率，而是"被迫放弃的乐趣"的投资回报率。

所以，我们必须不断放大通过学习获得的快乐，激发自己的学习兴趣。这时候，不妨使用在第四章中"学习整理术 48：为五年后的自己命名"的整理术。

最可怕的是随波逐流，每天无所事事。在如今这样一个变化日新月异的时代，"无所事事"的风险很高。什么都不做的人，最终很可能会和因无法适应环境而灭绝的恐龙一样被时代抛弃。告诉自己"年轻时的投资肯定能收回成本"，鼓励自己不断学习下去。

学习整理术 86

把工作变成"案例"

理论学习到一定程度后，有很多要从现实中学习的东西。比如，商学院中称之为"case study"的学习方法。

"案例"总结了在现实的商业世界中出现的让人很难做出判断的状况。案例学习就是利用这长达数页、记载了进行判断所必需信息的案例，在课堂上讨论应该采取何种应对策略。

案例分析的关键是**选择好的案例**。好的案例，能让人产生阅读优质小说时的兴奋感。小说与案例最大的不同之处在于，小说读到关键的地方，你会忍不住猜测"接下来会发什么什么事"。而案例分析到关键处，你会被反问"如果是你会怎么办"。任何人都可以买到案例，就连世界最顶尖的哈佛商学院的案例，也可以在线申请到。[1]

经过案例学习，你会感觉一下拉近了与案例中企业的距离。你会发现，不管是多么成功的企业，都面临着各种各样的难题，都有难以做出决断的时刻。

历史没有"如果"，案例分析分析的就是这个"如果"。当你站在决策者的立场进行判断时，马上就会设身处地思考这些原本与你无

---

[1] 在 http://www.hbs.edu/case/ 上有英语版。

关的事。这时,你或许会为意识到不论多么优秀的经营者、经理人也不过是一介凡人而感到高兴。

社会上发生的所有事情其实都是"案例"。报纸的财经版更是"案例"宝库。成功的案例有其成功的原因,失败的案例有其失败的理由,通过案例分析,我们要学习的是成功与失败背后的故事。

逐渐地,你或许会感慨:光靠老板一个人支撑的企业现场管理不容易啊。历史悠久的大企业决定做一个项目前得经过多少论证啊!让各个部门达成一致很费劲吧。

如果你身在其中会如何判断、采取什么样的行动?这才是进行案例分析的关键。很多博客上提供了解读案例的方法,大家不妨看看。

案例分析不仅限于其他公司的事。**在自己的工作中发生的事也是案例分析的绝佳素材**。把自己平日里遇到的事情当做案例进行分析、学习。只要有这种意识,人就能获得飞速成长。

进行案例分析,需要客观地观察工作,冷静地审视自己。由此,对自己给出客观的建议——"这样做更好"、"这样做进展将更顺利"。俗话说"旁观者清",只有站在客观的立场上才能找出需要改进的地方。

建议大家把自己学到的东西总结成生活整理术,写在博客上。比如,"我在做……时注意到的五点"。这样一来,即使失败也会因为获得了生活整理术的素材而感到欣喜。最近,职场上的人很容易感到抑郁,如果能让人们为自己的失败感到高兴,那将是很有利于精神健康的。

学习整理术 87
三人行必有我师焉

客观审视自己的工作需要你首先**为自己找一个老师**。"我想象某某那样工作！"为自己找到一个榜样，以他为标准，你就明白今后该往哪个方向努力了。没有这样的指针，就像在一场没有终点的马拉松比赛中一直跑下去一样。

重要的是发现自己"的确有进步了"，**坚信只要在这条道路上走下去，一定能够接近自己的榜样**。

找老师能够让自己活得更加积极，**使生活更加丰富多彩**。有很多老师，意味着在生活中发现了很多人的魅力。

当你看见美丽的风景时，会想"人生如果错过这样的风景太可惜了"。人的魅力也是如此。当你遇见一个充满人格魅力的人时，会感慨"活着真好"，然后，就会把这个人当做你在这个领域的"老师"。

美景会让你的心灵获得宁静，而有魅力的人则会让你的人生散发光彩。

说得浪漫一点，用心发现人性中美好的部分，自然会从心底涌起对生活的信心和勇气。

"老师"不一定要是名人或十分优秀的人。只要身边的人让你觉得"他这个地方我应该好好学习"，那他就是你的老师。

有人可能会说这样也太没节操了。**会学习的人，不是指"聪明人"，而是指那些不论在任何情况下，在任何人身上都能发现闪光点的人。**

不断在生活中为自己寻找"老师"吧。

学习整理术 88

用工作时间的 20% 搞自己的研究

Google、3M 等公司有一项制度，允许员工将 15%～20% 的时间花在自己的项目上。Gmail、Post-it 等正是得益于这项制度而开发出来的。

这个时间相当于生产厂家说的 R&D（研究开发）——虽然和目前从事的工作没有直接关系，因预感对将来而言的必要性而推进某项工作。在这一点上二者有异曲同工之妙。难怪在知识产业中，往往由同一个人负责研究开发的部门与实际业务部门。

我担任顾问、写作等与知识产业相关的工作，因而意识到必须看准将来，有意识地进行 R&D，所以我一直**把工作时间的 20% 花在 R&D 上**。

这 20% 的时间，我不求等价交换，常常是在做义务劳动。在自己没有接触过的领域，一上来就要求等价交换，很难找到工作。我总是抱着"我不要钱，请允许我帮忙"的态度投入未曾涉足的领域。

不断把 20% 的时间投入新的领域，前途就会越来越光明。反过来说，如果吝惜这项投资，止步不前，就不会有更美好的未来。不论企业还是个人都是如此。

独立创业更是如此。我就深切地体会到了这些用于革新自我的时间的重要性。

学习整理术 89

学习是一种人生态度

找到老师，向他人学习，"学习"的内涵也会逐渐扩大。仿佛能够窥见用"学习"二字无法涵盖的人生奥秘，其中蕴藏着关于"学习"最重要的，也是我最想传达的概念——Studious。

Studious 和 Study 语出同源，除了"努力学习"之外，还有**"热衷于……"的言外之意**。职业整理术的目标是消除人生中的不安因素，提供使人热衷于人生的方法。通过学习，增加自身的附加价值，拓展人际关系，从工作中学到更多的东西。在这里，我们看到的是废寝忘食，热衷于人生的态度。

据脑科学研究者茂木健一郎研究，Studious 还有"众多人一起努力完成某事"的含义。于是，与 Studious 相同词根的 Studio 一词就有了"录制音乐、摄影、录电视节目的地方"的含义。追根溯源，Study 与**"人与人兴奋地交往"**也有关。

这样一来，我们长期以来的学习观就会动摇。"学习"二字给人的印象一直是"一个人坐在书桌前埋头苦干"，这其实是一种偏离它原有含义的观念。

就像与 Studious 词根相同的 Studio 一词所表现的，"学习"本来是"产生新的东西的'场所'"。通过学习，每个人都有新的发现。

囿于篇幅，在这里我无法深入探讨"学习"作为人与人交往的"场所"的问题。但是，我认为这是整理术系列中很重要的一个主题（随后，在《创意整理术 2.0》中我对这个问题进行了讨论）。

写这个主题，相当于介绍了我目前从事的开发新产业的经验。这个想法越来越清晰，我也越来越"热衷于"新产业这个"场所"。每一天都充满了"学习"与"兴奋"。"学习"是因为我热衷于工作，热衷于人生。

从 Study → Studious，这不仅是学习的关键，也是生活的关键，**它拥有让人享受看不见的未来的"魔力"。**

后记　具备主体性的生活整理术

在这个日益复杂的世界里，没有一种完美的知识体系足以应对所有的事态。想要建立这种庞大的知识体系，就像在以空战为主的二战时期想要建造巨大的航母一样困难。二战即将结束时，大和战列舰不幸被击沉了。

以往的科学知识都是设定一个范围，在这个范围内解决问题。然而，这种做法的缺点在东日本大地震中暴露了出来。高度"超出预料"的海啸摧毁了东北部的城市。

以往，人们对于只适用于某个场合的"临时措施"持否定态度，认为它破坏了整个系统的连贯性。然而，世界上发生的事越来越复杂，依靠科学意义上的连贯性已经无法处理这些事态。我们越来越需要与这种连贯性不同的应对策略。

生活整理术利用现有的资源迅速解决困难的问题，是一种"随机应变"的处理方式。它可能只有这一次行得通，也可能与过去的处理方式产生矛盾。但是，当意外情况发生时，比起调整与过去的连贯性，灵活应对更加有效。

意外发生时，需要大家具备瞬间理解现场情况的"能力"。然后，找到可能解决问题的"资源"，根据资源做出直观判断。

大家可以想想动作片的主角，他们往往能灵活运用身边的工具脱离困境。这才是终极整理术的表现。

本书以"学习"为主题。之所以选择将其与《整理的艺术 2：时间是整理出来的》、《整理的艺术3：创意是整理出来的》同时出版，是因为"学习的智慧"是生活整理术的基础。

"随机应变"的处理方式的确不具备科学、客观的连贯性。但是，源自相同的学习智慧的处理方式具有某种连贯性。比如，《虎胆龙威》(*Die Hard*)的主人公依赖的似乎是偶然与直觉，却让人感觉他的所作所为很符合麦克伦警探的作风。看过电影的人，应该能从一边嘟囔"我怎么这么倒霉"一边将匪徒逼得走投无路的麦克伦身上发现一种连贯性。

这种连贯性才是今后社会所要求的主体性。这里所说的"主体性"，不是近代社会要求的"首尾连贯"的"主体"，而是由内在智慧表现出来的主体，能够灵活应对身处的不同环境的主体。它的表现既有多样性，又有连贯性。

生活整理术也一样。看起来是"临时措施"，却贯穿着某种连续性。本书中蕴藏着对这种新主体性的追求。

今后我们还会遇到各种各样的学习场面。掌握生活整理术正是为了在这样的场合展现自己，其中蕴藏着终极的学习整理术！

小山龙介
2012 年 3 月

出版后记

一提到学习，很多人可能要说："那是学生才要做的事啊！"其实不然，在这个瞬息万变的信息时代，社会人士如果不时常通过学习给自己充电，也会让自己面临被淘汰的危机。

本书作者小山龙介就是一位时刻不忘学习的"职场学习达人"。他在身兼数职的同时，还奇迹般地用极短的时间攻克了多种职业资格考试。他游刃有余地穿梭于工作和学习，不仅鱼和熊掌兼得，还能让二者相互促进。他的学习方法生动灵活，简单易学，极具参考价值。

在本书中，小山龙介打破了人们对学习的传统认知，教读者挣脱书本的束缚，灵活运用时下最流行的数码产品和软件，打造专属于自己的学习网络，如怎样利用 EverNote 创建"个性化辞典"，怎样通过 Facebook 创建学习小组等。这种学习法充分利用信息社会赋予人们的便利，教缺乏学习时间的社会人士巧妙运用零散时间拼凑出高效率。

我们还出版了小山龙介的另外两本"职场工作秘技"：《整理的艺术2：时间是整理出来的》《整理的艺术3：创意是整理出来的》，敬请关注。

最后，我们希望我们多番联系未果的封面图片作者看到本书后主动与我们联系，以便奉上稿酬和样书。

服务热线：133-6631-2326　188-1142-1266

服务信箱：reader@hinabook.com

后浪出版公司
2014年4月

图书在版编目（CIP）数据

整理的艺术 . 4 /（日）小山龙介著；李青译 .
－－北京：世界图书出版公司北京公司，2013.5（2016.5 重印）
书名原文：Study hacks!
ISBN 978-7-5100-6105-9

Ⅰ . ①整… Ⅱ . ①小… ②李… Ⅲ . ①效率－通俗读物 Ⅳ . ① C934-49

中国版本图书馆 CIP 数据核字（2013）第 078427 号

STUDY HACKS！——TANOSHIMINAGARA SEIKA GA AGARU SUKIRUAPPU NO KOTSU TO SYUUKAN

© Ryuusuke Koyama 2012

All rights reserved.

Original Japanese edition published by KODANSHA LTD.

Publication rights for Simplified Chinese character edition arranged with KODANSHA LTD. through KODANSHA BEIJING CULTURE LTD. Beijing,China.

Simplified Chinese translation edition published by Post Wave Publishing Consulting (Beijing) Ltd.

本书简体中文版由后浪出版咨询（北京）有限责任公司出版

整理的艺术 4：升职从整理开始

著　　者：	小山龙介	译　　者：	李青	丛　书　名：	小学堂	筹划出版：	银杏树下
出版统筹：	吴兴元	责任编辑：	王頔	营销推广：	ONEBOOK	装帧制造：	墨白空间

出　　版	世界图书出版公司北京公司
发　　行	世界图书出版公司北京公司（北京朝内大街 137 号　邮编 100010）
销　　售	各地新华书店
印　　刷	三河市祥达印刷包装有限公司（三河市杨庄镇杨庄村　邮编 065200）
（如存在文字不清、漏印、缺页、倒页、脱页等印装质量问题，请与承印厂联系调换。联系电话：010-0316-3658637）

开　　本：	690×960 毫米　1/16
印　　张：	12　插页 4
字　　数：	200 千
版　　次：	2014 年 6 月第 1 版
印　　次：	2016 年 5 月第 3 次印刷

读者服务：reader@hinabook.com 188-1142-1266
投稿服务：onebook@hinabook.com 133-6531-2326
购书服务：buy@hinabook.com 133-6657-3072
网上订购：www.hinabook.com（后浪官网）

ISBN 978-7-5100-6105-9　　　　　　　　　　　　定　价：29.80 元

后浪出版咨询(北京)有限责任公司 常年法律顾问：北京大成律师事务所　周天晖　copyright@hinabook.com

版权所有　翻印必究